あらゆる
目標を達成する
すごいシート

目标顺序法

【日】佐藤耕一 ———→ 著
孙律 ———→ 译

前言

你是否在为达成目标而坚持不懈地努力呢？

无论工作还是生活，我们总会设立各种各样的"目标"，而哀叹目标大多落空之人为数不少。正是因为心有不甘，不少读者朋友才对本书产生浓厚的兴趣吧？

有志掌握技巧、努力达成目标的奋斗者不乏其人，或是阅读大量书籍，或是聆听各种讲座，可为什么收效甚微？

目标定得太高？

既然其他公司、团队、竞争对手可以实现同样的目标，这就说明问题并不在此。

执行方法有误？

事实是顺风顺水的幸运儿大有人在，唯独自己举步维艰……

那么，究竟是什么原因导致目标无法达成呢？

在笔者看来，成功人士和知名企业推崇的方法往往只适用于一小部分人（笔者称之为"天才"），或者具备此类潜质的群体。

　　树立目标意识、细化目标、设立短期目标和长期目标、以目标激励自己、加大执行力度……类似的方法耳熟能详，然而这些只适用于"一学就会"的聪明儿。

　　笔者致力于人事管理咨询工作，迄今为止已帮助14,000多人达成目标，从中也切身体会到**天才与"平常人"的目标达成之路明显有别**。

　　举例来说，"加大执行力度"是达成目标的方法之一。如果做不到这点，目标达成也就无从谈起。"把每天拜访20名客户增加到200人吧。"这话说来轻巧，也确实有人想方设法付诸行动，希望实现目标。

　　然而，这类人此前并没有加大客户拜访量的经验。之所以取得成功，只因为他们是具备此类潜质的天才。而对资质平平的"平常人"来说，目标达成之难也就显而易见。

　　所以，究竟如何是好？

基于14,000多件成功案例的亲身经历，笔者认为平常为人诟病的"着眼当前"恰恰是"平常人"达成目标的最佳办法。

而且，笔者将自身的心得体会汇编成一张便于实践的"表格"，这便是本书重点介绍的"神奇对照表"。

这张表用途广泛，无论是达成业绩、扩大销量等职场目标，还是减肥等个人心愿，它均可助你一臂之力。

▶▶▶ 所有人都能达成目标

在此，笔者列举几则平常人达成目标的案例如下：

● 销售员T先生加入公司已近20年，其间从未卖出高价产品，全凭资历当上主任。**在使用对照表一年后，业绩比前年翻了3倍。其中不乏高价产品，毛利率达到前年的5倍之多，因此被提拔为部门经理。**

● 年轻的M先生是某制造业的现场管理员，他为应届毕业生等下属屡禁不止的迟到现象头疼不已，担心纪律问题会影响产品质量。自从和下属一起使用对照表之后，**迟到现象**

就此杜绝，部门的全年生产效率也提升20%。

● K先生是公司创立之初入职的元老，辛勤工作25年依然只是普通员工。虽说尺有所短、寸有所长，但K先生的弱点却成为他升职的致命伤。借助对照表明确改进目标缺陷之后，他不断进步，于2年后跃升为总务部长。

● H先生超过110kg的体重严重影响工作，以往十多年的减肥尝试均告失败。自从使用对照表后，一年内体重轻松降至84kg，体检结果也逐步恢复到正常水平。之后保持健康减肥的方法，体重如今稳定在70kg。

业绩平平的销售人士、忧心忡忡的年轻主管、升迁无门的职场老将、减肥无望的颓废胖子……这样的人在"平常人"俯拾皆是。如果你也是其中的一员，那一定存在适合你的目标达成方法。

▶▶▶ 目标达成的最关键部分

对于商务人士来说，所谓"目标"或许就是"销售额""利润""销量""成品率"等吧。事实上，明确自己为什么设立这样的目标才是重中之重。

目标的设立通常可分为以下几个步骤：

◆ 设立目标的一般步骤

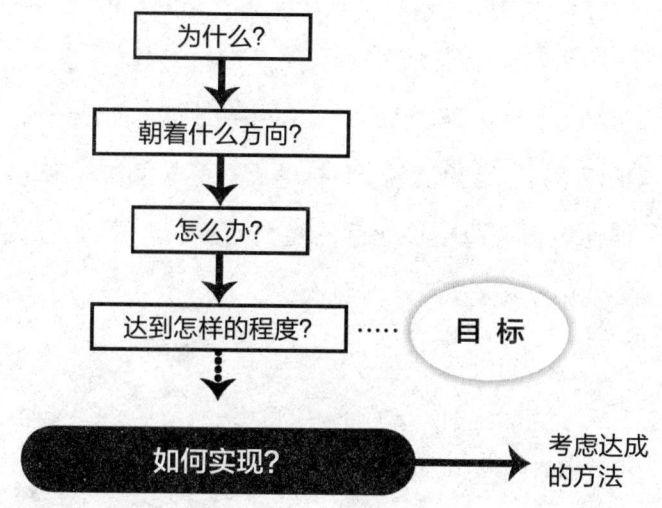

这个过程可以归纳为：以"为什么"明确目的，以"朝着什么方向"确定方针，以"怎么办"导出目标，最后通过"达到怎样的程度"定下衡量目标的标准，如数字或状态等。

那么，你在工作中是否树立目标意识、明确公司发展和个人晋升的方针呢？

"当然会有这样的意识。"或许不少人会这样回答，但深究起来，"其实并没有想象的那样重视"才是他们的心声。

"强化目标意识""抱有使命感""遵循部门方针"……对上司的喋喋不休不以为然，又能在多大程度上把公司目标作为自身目标而奋斗呢？

于是，目标能否达成也就变得扑朔迷离，而且还给上司和同事留下目标意识淡薄、目标达成意愿不强的消极印象。

即便勉强打起精神尝试，终究无法取得成功。遗憾的是，现实中这样的人并不少见。

▶▶▶ "神奇对照表"的奥妙

在从事咨询服务之初，笔者也曾面临这样的烦恼。虽然一小部分天才得偿所愿，但绝大多数客户依然无法达成目标。

于是，笔者把"工作的目的性"置于首位，苦思冥想该采取怎样的行动，即研究目标达成的方法。

虽然笔者提出了具体的办法，例如前文提及的增加客户拜访量，以及每周开会、每月提交业务改善方案等，然而大部分客户依然不见起色。或是觉得建议过于理想化，或是有心无力，或是屡战屡败导致信心全无。

历经挫折和尝试，笔者最终确立"着眼当前、从易到难"的方法。

◆ 目标达成之路

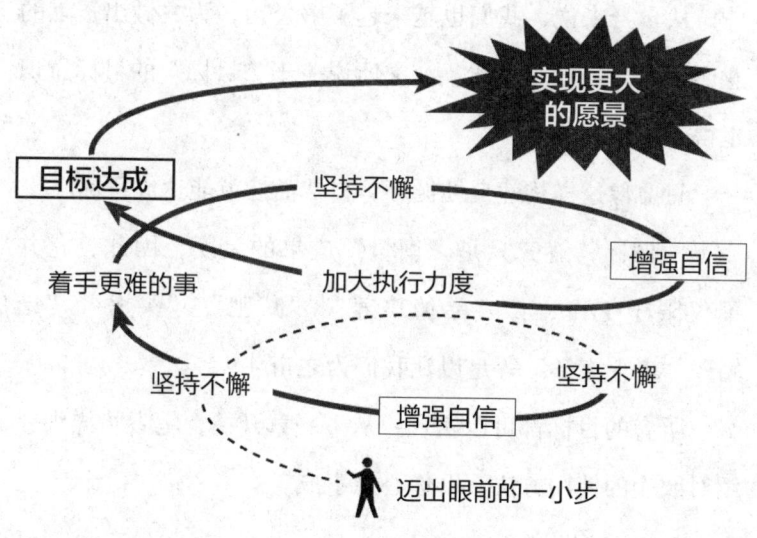

着眼当前的小事有助于逐步增强自信，然后把理论方法

具体用于实践，步步为营，直至达成目标。笔者认为，这正是达成目标的捷径。

这一系列的流程可以通过一张表加以比对，这便是笔者多次提到的《神奇对照表》，无论谁都可以参照这张表轻松达成目标。

虽然成功不是一蹴而就，但随着目标的达成，工作也更能使人乐在其中。于是，不断取得成功，对你的肯定也越来越多。

从自身来说，我们也越来越了解公司，为之做出贡献的意愿也更为强烈。由此，前文所说关于"目标"的目标意识也得以生根开花。

只要像这样构建良性循环，自然而然就能达成目标。

"目标"终究只是"衡量"成果的尺度，因此，它并不仅限于工作，像"品德培养""减肥""买房""结婚""考上大学"等足以让我们为之奋斗。

所有的目标都可以实现。从下一章开始，笔者将详细介绍对照表的使用方法，助你心想事成。

佐藤耕一

目录

前 言

所有人都能达成目标　03

目标达成的最关键部分　04

"神奇对照表"的奥妙　06

第1章
目标无法达成是情理之中

只有3%的人可以结合目标改变行动　003

树立目标意识并非易事　005

无法达成目标的人的借口　008

制定目标无法达成是必然的　011

天才的成功经验不足效仿　013

无法实现目标的"4类人"　016

平常人的"挫折曲线"　020

目录

第 2 章
专注当前，挺过挫折期

先行动，再设立目标　031

立足当下，设立目标　034

明确当前具体目标　037

失败者的眼中只有"高目标"　039

专注当前、步步为营是成功之道　042

抱着"干劲必然消退"的心态　044

3 周打造无惧挫折的体质　047

4 种类型应对当前事项的处理要点　050

目标达成的阶段　054

目录

第 3 章
步步为营、达成目标

达成目标的"神奇对照表" 059

首先确立目标 064

无法实现并不奇怪,写下"理由"即可 077

"没有时间"和"无法坚持"是两大理由 082

从再简单不过的"当前"着手吧 085

坚持不懈,养成习惯 092

表扬坚持不懈的自己 095

放弃当前习惯,为新目标排出时间! 100

逐步接近真正的目标 105

目录

第4章
调动周边因素达成目标——"神奇对照表"的4则方法

调动周边因素的4则方法　113

对"记录"多下工夫　116

邀请第三者约束自己　125

奖励不限于物,"休息一回"也是嘉奖　128

挑战自己"是否还能坚持"　133

目录

第5章
帮助下属达成目标——高明的上司如何巧用"神奇对照表"

把下属的失败看成必然发生之事　139

"挫折曲线"的4阶段应对方法　143

附录：

健康减肥计划表　166

一年读20本书阅读计划表　173

5年存款购房计划表　180

あらゆる目標を達成するすごいシート

第1章

目标无法达成
是情理之中

●▸ 只有3%的人可以结合目标改变行动

什么是"目标"?

它蕴藏于人们的日常生活之中,数量远超预想。除了具体的某个目标之外,也包括宛如梦幻的憧憬。可以是多年后方能实现的梦想,也可以是一个月内必须完成的任务。

相信职场人士对此深有体会,一些企业已经把目标管理纳入公司管理体系,并将其作为研究课题。

那么,目标总能达成吗?

真正意义上的达成也许并没有想象的那么多吧。

但是既然对目前开展的项目抱有希望,想要达成一定的目标,就要从当前的实际情况着手,为了改变现状而采取

"行动"。

若是新颖且崇高的目标,例如"挑战",则将要展开的的行动本身就和当前的行事策略大不相同。

"设立目标,改变行动,最终达成。"这样的目标达成策略似乎在谁看来都是合情合理、理所当然,也是完全合适的,但笔者可以非常负责任地告诉你:只有一小部分天才、具备天才潜质的后备军,或者聚集此类人才的少数企业才能做到。

总结为各类机构提供咨询服务的亲身经历,笔者发现:**只有3%的商务人士会有意识地设立目标并且改变行动。**

这类人士目前或许受制于年龄、资历等还只是普通职员,但天才不会被埋没,将来有望升上管理岗位。

假如你不是这样的天才,确定目标之后,大概率会按照通用的目标达成方法努力。如此一来,目标落空基本是可以确定的。

●▶ 树立目标意识并非易事

在工作中树立目标意识、抱有使命感是如此重要,在中国两千多年前的古典文献中便可发现类似的金玉良言。

因此,笔者从一开始便抱着这个方针指导客户,面向企业家或管理岗位人士的培训也是围绕它展开。

但是,普通员工毕竟占据绝大多数,这种树立目标意识的指导方法多半不适用于他们。

以面向销售人员的业务培训为例,假设把目标拔得太高,例如:"销售人员始终把客户放在首位,为所在地区做出贡献……继而推动全日本的经济发展,甚至全人类的进步……"

这么说多少会给听众留下目标至关重要的印象。但是，他们对"现阶段的工作"又有多少概念？

事实上，人们的工作大多立足于"当前目标"，例如："必须卖出产品，否则会被上司训斥，工资也化为泡影……"

制造业的员工关心"没活干、不出差错、尽早推进下一个工程……"，服务业的职员则着眼于"避免引起客户不快、严格按照员工手册提供服务……"

试问，又有多少人可以把眼光从当前业务移开、毫不在意客户和周遭的目光？

在从事咨询服务之初，笔者曾与某贸易公司的年轻职员就设立目标一事展开交流，结果备受打击。

"你为什么从事销售呢？"

"为了挣钱。"

"挣钱？"

"就是工资。"

这样的心态在年轻人中颇为常见，笔者如今已是游刃有余，但那时毕竟见识尚浅，谈话也被带入死循环。

"既然把领工资作为结果,那怎样才能实现呢?"

"卖出产品就行。"

"为什么要卖出产品?"

"因为这是工作。"

"工作又是为了什么?"

"为了挣钱啊!"

如此周而复始,笔者的主张也就显得苍白无力:"卖出产品也是为了公司发展以及客户满意,不要只顾眼前利益和个人价值,目光要放长远些……"

"原来如此啊……"对方嘴上勉强答应,但神情分明在说,"话虽不错,但是卖不出产品哪来的工资……"

之后,关于目标如何达成的讨论也被局限于探索"怎样卖出产品"的方法,谁也不能真正认可和接受对方的意见。

此类人士的心态与部门领导等管理人员明显有别,"树立目标意识"或者"抱有使命感"的指导方式也毫无用处。

●▶ 无法达成目标的人的借口

对方设立怎样的目标、如何达成目标,只要稍加交流便可大概有数。经过这么多年制定计划的指导,我可以这样断言,3分钟便可识别一个人是否可以实现目标,而那些明显无法达成目标的人更是一听便知。

虽然难免存在特例,但是总结目标落空之人的发言,可以发现他们普遍存在以下特征。

·多用直接否定的语句

例:做不到……;不可以……。

- 多用间接否定的语句

  例：……很困难；……条件太苛刻。

- 以周边环境为借口

  例：A公司在……区域市场更有优势；受汇率影响……。

- 犹豫不决的表述较多

  例：我认为……；本打算……；试着为……而努力。

- 不痛不痒、毫无根据的表述较多

  例：简单重复"可以做到""做做看""努力吧"等字眼。

- 事不关己，没有看成自身的目标

  例：这是……分配给我的；这是上头的安排；我只是奉命行事。

◆ 无法达成目标之人的高频语句

●〉制定目标无法达成是必然的

啊，今年的计划又没有实现！你是否也在不经意间用过上述语句呢？仔细回想之下，不难发现这么说的人从一开始就没有达成目标的打算。因为，这番言论分明表露"勉为其难""姑且试试看""与自身关系不大"的心声。

当然，这些语句本身无可厚非，大家这么说也在意料之内。

"不希望达成目标"的人按理来说并不存在。只是，人都有一定的惰性，若非遭遇特殊情况，人们在潜意识内并不愿改变现状。安于现状、抗拒变化也是人之常情。

既然不愿改变行动，目标达成也就变得难上加难。

因此,"设立目标然后达成"对于平凡人来说殊为不易,"设立目标依然无法达成"才是寻常之事。

我们都是平常人,但也不乏斗志满满的时候,例如企业迈入新的一年或者发展到新的阶段。

"今年为了××而努力吧!"对于个人来说,在新年伊始也会定下目标,例如:存钱、减肥、肌肉锻炼、徒步、考证等。

令人遗憾的是,由于对工作缺乏强烈的目标意识和使命感,或者个人目标设立太多,结果往往是一鼓作气,再而衰,三而竭,最后不了了之。

"三日坊主"(三分钟热度)是著名的日语俗语,英语中也有"soon hot, soon cold"的类似表述。开始阶段的斗志昂扬不足为奇,后劲不足才是人之常情。

●▶ 天才的成功经验不足效仿

15页的图例揭示达成目标的意愿随着时间推移的变化。

上方曲线对应的群体（天才型）可谓凤毛麟角。他们具备强烈的使命感，且始终保持较高的目标意识。

以顶尖职业体育选手为例，无论是棒球传奇铃木一郎、足球明星本田圭佑，还是高尔夫神童石川辽等，他们在少年时代就已经确立崇高的目标。从他们的小学毕业册中均能发现力争成为日本第一或者世界第一的豪言壮语。从为了理想而奋斗不懈的角度来说，他们堪称努力的天才。

与之相对，下方曲线代表的平常人。虽然起初不乏高昂的斗志，但之后一路走低，目标当然也就落空。

介绍如何自我启发的书籍并不少见，可它们大多要求读者具备一定高度的目标意识。虽然不必像上文的体坛明星那般出类拔萃，但对平常人来说也非常不易。

这类书籍的共性在于基于作者的亲身经历，宣扬"再差劲的人也能效仿并取得成功"。在笔者看来，"这些方法往往适用于具有强烈使命感的天才，如果置身于作者所处的时代、公司以及周边环境，你未必同样可以做到。"

只要翻到作者简介那一页，就不难发现他们大多具备光彩夺目的学历和履历，所承受的痛苦以及付出的努力也远非平常人可比。

◆ 天才与平常人的目标达成意愿

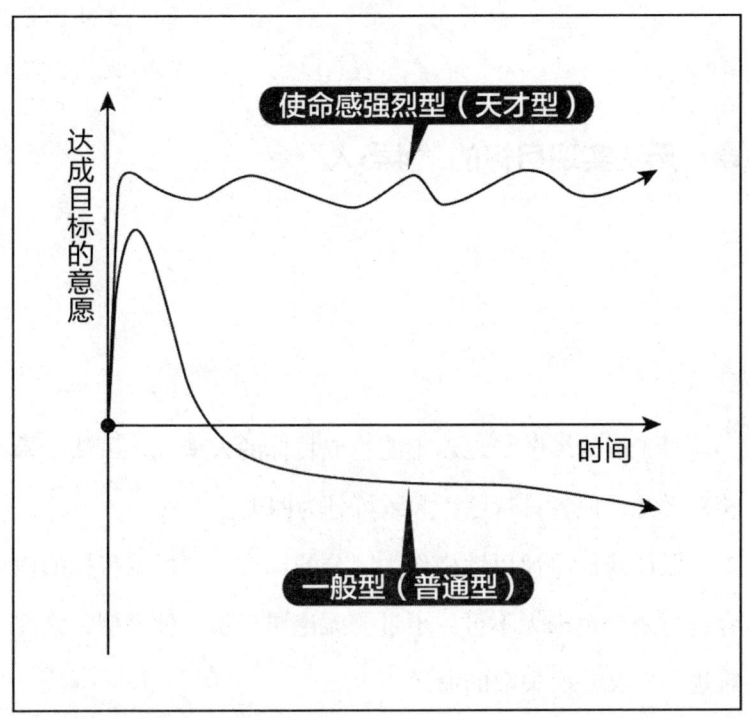

效仿天才对平常人来说并非易事，即便真能学以致用，也是具备那3%的潜质所致。

更多的人则是"明知这样的想法和做法确实值得借鉴"，却难以改变自身的意识，结果只能像上图的下方曲线：不是四处碰壁，就是高开低走，终究无法达成目标。

●▶ 无法实现目标的"4类人"

对于屡战屡败、迟迟不能达成目标的人来说，虽然结果相差无几，但各具特色，大致可分为四类。

以往我们习惯以性格作为区分的标志，但根据目标的内容进行划分也未无不可。不过，无论属于哪一种类型，终究难逃一次又一次失败的命运。

目标容易落空的人具体分为以下4类：

A：冲动型

B：夸大型

C：紧张型

D：被动型

各类型对应的行动也多少有别,请读者朋友根据笔者的描述对号入座,相应的对策则在下一章具体介绍。

A:冲动型

这类人起初劲头十足,但做事缺乏计划,渐渐偏离初衷,容易半途而废。"实现不了也是无可奈何的!"一旦最初的热情消退,他们毫无反省的意识,失败也是接二连三。

B:夸大型

这类人目标定得太高,坚持不了多久便会彻底放弃:"实在是做不到啊……"他们最容易勉强自己去效仿使命感强烈的天才,结果也败得最惨。每每下定决心,却难以改变行动,于是周而复始地夭折在决心阶段,只好把各种借口挂在嘴上。

C:紧张型

这类人制订实施方案过于细致,缺乏灵活性,结果也容易产生问题。无论从事日常工作,还是挑战难题,设立目标之后困难重重的情况屡见不鲜。但这类人缺乏应变,一旦偏离计划也就畏手畏脚，容易止步不前。

D：被动型

此类型于个人目标并不多见，但于职场却出人意料之多。因为公司规章制度不能不遵守，自己的目标只能与公司保持一致。具体怎么做却毫无头绪，结果也就无所作为。

由于对自身所处的立场和当务之急一片茫然，于是人云亦云，把上司的目标作为自身的目标："就这么办吧。"

从某种程度来说，这样也可以起到努力工作的效果，只是终究没有从自身出发，缺乏主动性。如果掌握主动的上司值得信赖或许还好，否则就会一败涂地。

◆ 无法实现目标的4类人

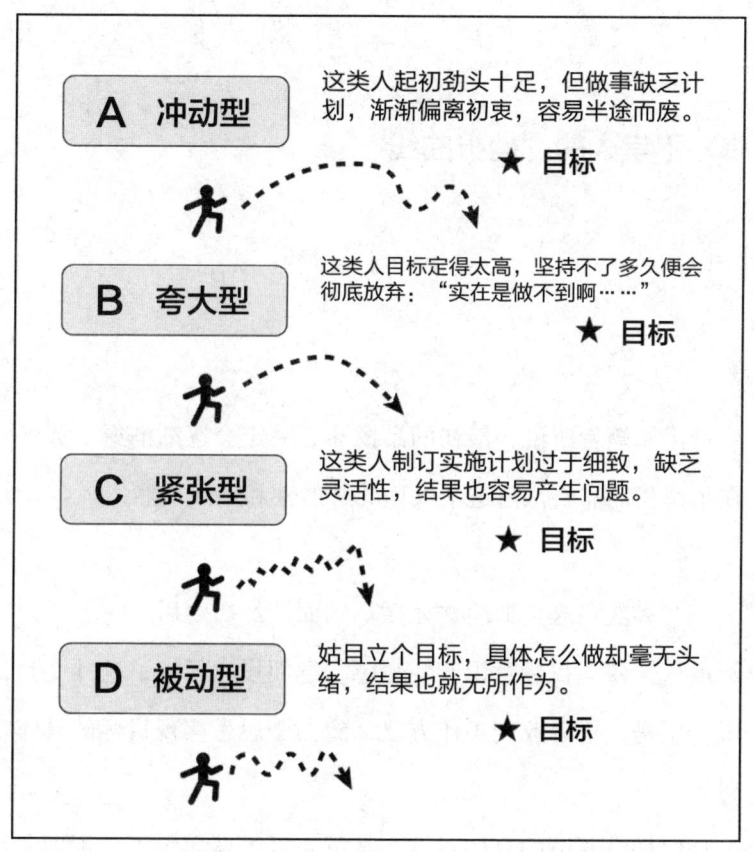

那么，你属于哪一类呢？

也许在每一类的描述中都能找到自己的影子，或者同时吻合两种类型。无论怎样，明确自身属于哪一类，这也是通向目标达成的必由之路。

●▶ 平常人的"挫折曲线"

正如笔者所说，最初的昂扬斗志一定会逐渐消退。关键在于，我们需要认清这个过程的必然性和理所当然。

在多次陷入类似前文死循环的面谈经历之后，笔者不得不承认：树立目标意识和使命感，继而设立目标，这并非易事。于是，笔者改变工作方法，致力于思考实现目标的具体对策。

但是，所谓的具体对策本身就是纸上谈兵，不是不切实际就是难以为继，结果依然事与愿违。

最后，笔者终于抛弃理想化的空谈，把目光转到研究行动的水平上来，进而发现"专注当前"的重要性。

把目光放得近一些，甚至"这也能算"的小事也可，一个接一个地加以实现。收获的成就感有助于增强自信，在不经意间接近并达成乍看遥不可及的目标。对于习惯目标落空的平常人来说，这样的方法堪称达成目标的捷径。

一般企业的目标管理对照表无外乎以下几种模式：
- 例①高层方针、目标 → 个人目标 → 具体行动
- 例②能力开发的主题 → 个人目标 → 具体行动
- 例③目标、使命 → 个人目标 → 具体行动

从目标再到具体行动的流程纯属空谈，位居最末的具体行动才是最该引起重视。把它提到最前，流程就变为：

当前事项的连续（执行）→ 具体行动 → 达成个人目标 → 切身体会目标、使命

虽然与传统思路截然相反，但这确实是平常人达成目标的最佳方法。

第22页的"挫折曲线"立足于目标达成的各个阶段，反映平常人从设立目标开始到目标达成为止的心理变动。

顾名思义,挫折曲线把挫折视为必然,而且以之为前提探索如何取得成功。

伴随个人干劲的波动,这条曲线可以分成4个区间。

◆ "一般的"目标管理和"专注当前事项"的目标管理

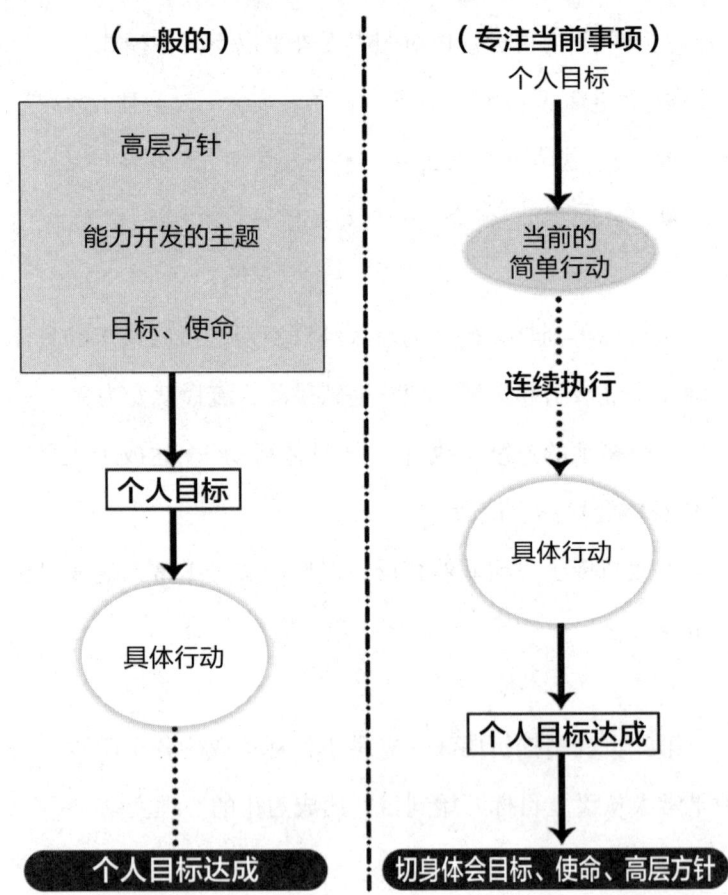

第1期：高扬期

"那就正视目标吧！""今年一定要……""好，就这么干！"……设立目标之后，斗志昂扬，达成目标的意愿格外高涨，整个人也会有焕然一新的感觉吧。如果是上司交办的目标，多少有些心不甘情不愿："那就试试看吧……"但是，这种状态最多保持2周，一般在1周左右。可能你会惊讶时间如此之短，但事实就是如此。

第2期：挫折期

这个阶段对于平常人来说无可避免。

在为了日常业务而疲于奔命大约2周之后，他们的热情过了顶点，目标已经淡化，更确切地说是淡忘。若是3周时间，则毫无疑问已是垂头丧气的状态。

以职场为例，新的考核期总是源源不断。一旦期初和月初的业务重合，工作量陡然增加，不少人就把目标抛之脑后了吧。记忆碎片于脑中残存，但是每天在企业忙着各种开会确认。目标就此搁置，毕竟，单单上司问起工作进度就足够心烦意乱。

◆ 普通人的"挫折曲线"

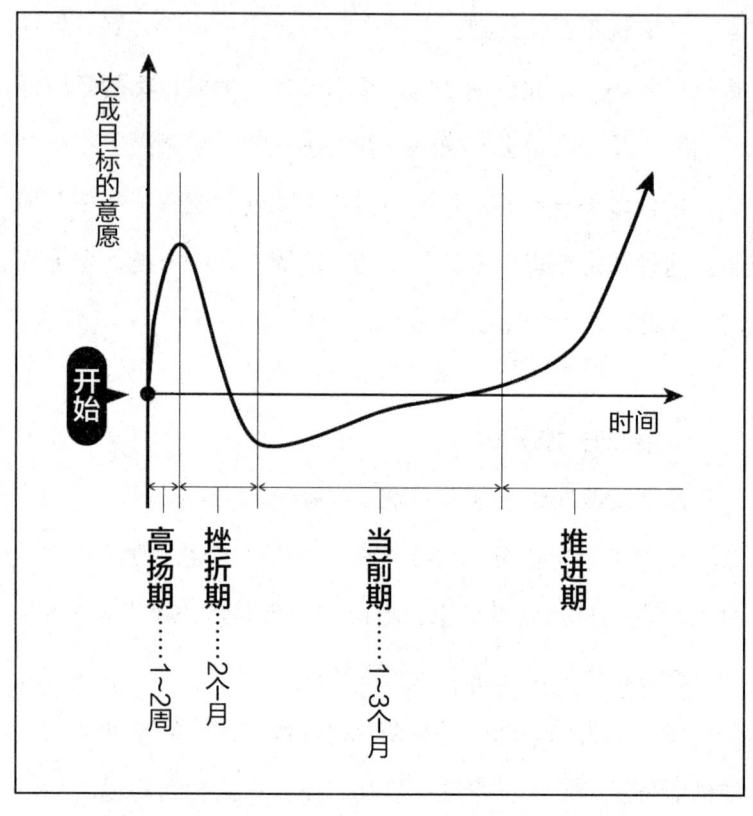

这样的状态大概持续1个月,借口也逐渐多了起来:"这个月真的是太忙啦……"

"这个月就这样吧,下个月再加油。"心中或许这样安慰自己,但行动没有任何改变,依旧延续此前的状态。

结果，设立目标之后仅仅1到2个月的时间便彻底跌入低谷："哎呀，到底还是不行呀……"

> **第3期：当前期**

"哎呀，到底还是不行……不过，是不是可以这么办？"与其说主动这么去想，倒不如说是不得不接受这样的观念。这个期间基于自身特点及目标内容而长短各异，有些人两个月便走出，也有人耗了半年多时间。

"日常工作本就不少，彻底改变未免激进。但这只是不起眼的小事，暂且把目标搁置，专注当前事务。如果是近在眼前的事情，就算是意志薄弱的我也能做到。"试着换个思路，如果对眼前的事情依然无能为力，那就看得再近些，找出可以连续推进的事项即可。

这也是达成目标的最关键部分，诀窍在于尽可能发现"每天都能做到的小事"。如果是与目标或业务相关的事项，那就再好不过。如果实在找不出来，就算毫无关系的琐事也无妨。

专注当前并且连续推进，保持有事可做的状态，快则1个月，慢则2个月，一定会产生意想不到的变化和成果。

或许只是微不足道的变化，但也是实实在在的成果。在此基础上继续前进，渐渐加快脚步。

因此，不要吝啬对自身的嘉奖，自我肯定同样至关重要。

第4期：推进期

伴随变化而来的便是自信，因为再小的成果也值得欣喜。

保持这样的状态便可逐步提升行动的水平，甚至实现升华、突破。只是职场上分秒必争，需要达成的目标往往分为半年或全年，因此从某种意义来说我们也要想方设法加快进程。

这就催生出另一个关键要点：**从当前事项中筛选"可以放弃"的部分并就此终止**。事实上，这个环节并不容易把握。专注当前事项的初衷是通过合理的设立目标打造轻松的氛围，如今精益求精，难免会有重新堕入失败的可能。

因此，从筛选的清单中试着终止1到2件事项。在比较鉴别时请务必保持轻松心态，既能认清放弃的重要性，又能在事项无法终止时也不至于惊慌失措。

对于筛选出来却又实在无法放弃的事项，只需在一次又一次达成目标的尝试中另寻合适的机会终止即可。

如此一来，自信自不必说，心情也是轻松愉悦。然后，可以把重点放在目标数值等主题，为达成目标而加快行动。即便是始终没有树立目标意识的人，也终于发现目标已经悄然达成的那一刻，而且这样的人为数不少。

此时，他们也能切身体会"为什么从事这份工作"的目的性，以及"原来这就是工作的喜悦"或者"这就是为社会和组织做出贡献"的使命感。

当然，一次的目标达成或许不足以带来强烈的感受。只需一次又一次地取得成功，终有深刻体会的那一天。

あらゆる目標を達成す
るすごいシート

第2章

专注当前，挺过挫折期

● 先行动，再设立目标

通过第一章的介绍，我们得知：设立目标继而努力达成的人仅限于极少数具备使命感的天才，这样的步骤对于平常人的身心都是折磨。

天才往往并没有意识到自身多么努力，反倒对平常人视为折磨的事情乐此不疲。

平常人则推崇一分耕耘、一分收获，简单地认为成果与努力成正比，全然不知自己犯了本末倒置的错误。

以高考为例，天才考生具备强烈的使命感，为了将来从事某行业，指定非某大学某专业不去。由于动机非常明确，向着目标的努力倒也没有纠结和烦恼。

◆ 天才型与普通型的区别

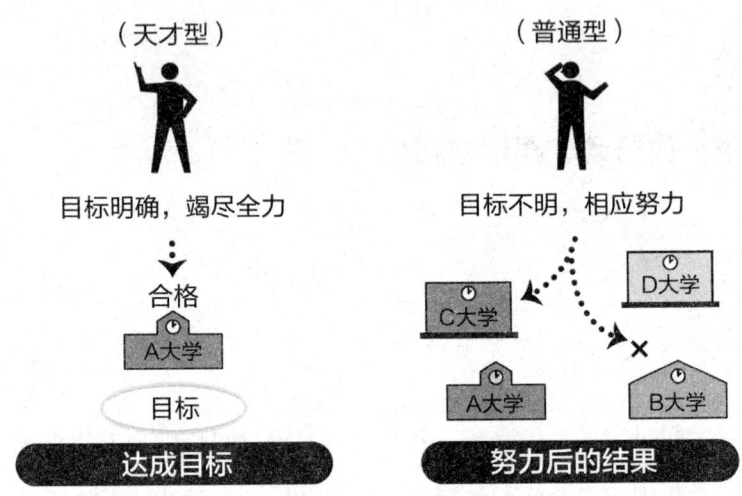

然而，普通学生报考的动机并不强烈："能进这所大学就不错啦。"抱着这样的心态只做相应的努力，然后根据成绩选择相应大学可以填报的专业，前途命运就此定下。

"相应的努力"具体达到怎样的程度，结果自然大不相同。

与其拘泥于天才们设立目标后的努力，倒不如专注于日常的努力程度，因为大多数人的结果（考取怎样的大学）由此决定。

是"放任自流",还是立足"相应的努力"、争取相应最优的结果?背后的心态也是大不相同。

"放任自流"缺乏明确的目标,而做出"相应的努力"继而见机行事才是务实之举。

因此,为了今后达成目标,我们不应再习惯于设立目标再努力,而是思考如何把"相应的努力""相应的行动"注入日常生活。

对于并不具备强烈使命感的平常人来说,这也是我们取得成果的最佳方法。

●〉立足当下，设立目标

那么，具体应该怎么做呢？——追逐"当前事项"即可。

置身于企业之内，"树立目标意识""不能只顾眼前""目光长远"等谆谆教导想必读者朋友也多有耳闻。

道理虽然都明白，但头脑一时短路的情形也并不少见。而且，就算抱着目标意识和长远观点，实际该从哪里着手，不少人心中充满疑惑和茫然。

因此，与其眼中只盯着目标，倒不如想想眼下的当务之急是什么。

答案就是找出相对容易、便于持续推进的事项。

以高考为例，按照以往的目的性及目标意识来考虑，备考方法大致如下：

①目的：从事**工作，在国际舞台大放异彩，为国家做出贡献。

②目标：K大学具备丰富的国际教育交流项目，而且××专业也与○○工作相关，所以立志报考该校该专业。

③达成标准：考试评定为A，总分超过500。

④方法：

・为了确保擅长的数学考到90分以上，双休日集中练习重点大学的历年真题。

・语文成绩平平，所以每天练习30分钟历年真题。

・作为弱项的英语是国际交流必不可少的工具，而且以往只能考40分左右，所以需要每天强化训练1小时。

如果缺乏强烈的目标意识，这样的学习方法很难持之以恒。对于高一、高二的学生来说，谈论高考的话题为时尚早，"一定要考上"的意愿还不强，难免三心二意、心生懈怠。

所以，我们要把思路反过来，把"达成目标"放在第一位。

具体来说就是"从小做起",积少成多,直至取得最大的成果——考入心仪的大学。

所以,"由于不擅长而延长学习时间"对于强化英语并不可行。笔者无意在此讨论这样的思路是否有用,只是建议**从小处着手、步步为营,例如"每天记住5个单词、3句惯用语、1则语法"**。

如果执行起来依然感觉力不从心,那就把标准降到3个单词、1句惯用语、1则语法即可。

由此一来,学习循序渐进,信心也不断增强。如果考试能取得好成绩,学习的劲头也更高。

当然,考试成绩的提高并非一朝一夕之功,但是日复一日地背诵单词、惯用语等本身便可带来成就感。

在不经意间,你也会惊讶地发现,其实学习并不是那么痛苦的折磨。

● 明确当前具体目标

事实上，以日常可以持续推进的事项为目标，这本身就是具备强烈使命感的天才所拥有的特质。

只不过，天才志存高远，目标也定得很高。在平常人看来，天才的日常目标为数不少，而且难度不低。

前文提到的棒球传奇铃木一郎就是最好的证明。他本身并没有刻意给自己设立年度目标，而在他保持的多项纪录中，尤以安打次数最为耀眼。

他从来没有以单赛季200次以上的最多安打纪录为目标，只是有意识地累积安打次数。具体来说就是设立中期目标，每月完成30次安打。为此，他每天力争打出1次，状态不错时2次。

令人惊讶的是，即便是铃木这样的天才，也不认可设立较高的目标。在他看来，追逐不切实际的目标毫无乐趣可言，过高的目标只会让人力不从心，也容易浅尝辄止。

为了这1棒、2棒的积累，他日复一日刻苦训练、坚持不懈，最终创造平常人遥不可及的伟大记录，而他的成功之路也令人叹为观止、难以效仿。

在与多位客户探讨如何达成目标时，笔者常常会把持续达成目标的成功人士与平常人对比。从中不难发现，哪怕追求的目标或方向尚不明朗，成功人士依然会制订细致的日程、安排日常力所能及的事项，并且扎扎实实地完成。

与之截然相反的是，一般人虽然对目标有着数字等量化的标准，但对平时能做些什么却是一片茫然。计划缺乏针对性，结果也是扑朔迷离。

达成目标的实施方法是否细化、具体，此中差异甚大，结果也存在天壤之别。

● 失败者的眼中只有"高目标"

回到前文高考的例子，有心报考K大学却最终落榜的人多半是因为缺乏对具体方法的思考。与这些人交流，场景大抵如下：

"既然报考志愿填了K大学，那怎样才能考上呢？"

"考试总分500以上可以评定为A，这就是我的目标。"

"目前你的成绩在400分左右，怎样才能提高呢？"

"提升最不擅长的英语是重中之重。"

"如何提高英语水平？"

"比以往更加努力吧。"

"具体怎么更加努力呢？"

"眼下只能考到30分，所以打算每天学2小时英语。"

"这2小时具体怎么安排呢？"

"啊？这个嘛……"

即便能说出具体的学习方法，以当前的状态终究无法做到，纯属"空中楼阁"。

职场上也存在类似的情形，例如：销售员大多可以明确合同额、销售额和利润等目标值，但实际执行却不能落到实处。

"目标合同额为1亿日元，如何才能达标？"

"光靠老客户显然不行，需要开发新客户。"

"怎样开发新客户呢？"

"增设宣传点。"

"具体怎么增设呢？"

"啊？这个嘛……"

即便是企划等没有量化目标的岗位，目标达成之路同样不甚明朗。

"○○项目要求开发1件新产品，计划什么时候完成？"

"4月。"

"既然如此,研发日程是怎么计划的?"

"每月召开2次研讨会。"

"以往也是这么做的,但总是事与愿违呢……"

"今年一定会积极推进。"

"具体怎样推进呢?是否可以分析、总结以往的失败案例呢?"

"啊?这个嘛……"

● 专注当前、步步为营是成功之道

合理达成目标的人们往往从小处着手,例如前文所说,为了提升英语水平就会每天记5个单词、3句惯用语和1则语法。

一般来说,如果无法确定目标值(模拟考与高校自主命题考试的总分),至少也应明确目标方向,即便是模糊的概念也无妨,例如"考上大学"。只是,成功人士**"从细小的当前目标起步,明确每天完成的具体事项"**。

对销售员来说,"把老客户2个月1次的回访增至1个月2次,加强合作关系的同时加深印象,增加老客户引荐新客户的机会。"

企划岗位则把增加会议次数具体敲定:"新产品计划4

月发售,最迟需要2月开始量产。所以,1月必须完成××,这样才能赶上10月的评审会……但是,10月只是最终期限,在此之前还有不少工作需要确认,至少在8月完成产品的准备。为此,5月和6月每周的会议次数需要增加,到了7月……"

大目标并非轻易就能实现,因此需要拆分出小目标、把通向目标的每一步具体落实。从小处着手、步步为营,直至实现目标,这便是达成目标的成功之路。

● 抱着"干劲必然消退"的心态

话虽如此,无论个人还是工作,设立重大目标的情形在所难免,例如企业的方针和考评制度等。

对此,笔者建议从某种角度进行切分,设立相应的目标。确切地说,我们试着代入平常人容易经历的"挫折曲线"加以思考。

我们需要清醒地认识到,一定要做些什么、目标非立不可、干劲消退是理所当然的事情。

"干劲消退是迟早的事,所以做事要趁早。"抱着这样的心态,即便发现当前的方法行不通,放弃也不至于觉得可惜。

每次设立目标之后，纵然无法达成，也能迅速调整心情，积极寻找新的目标继而奋斗。这也是"挫折曲线"中"高扬期"和"挫折期"应有的心态。

目标设立之后，快则数日，迟则数周，干劲总会开始消退。或者，无论工作目标还是强化英语、减肥等个人计划，即使斗志不减也会受到诸多干扰，例如忙于日常工作而无暇他顾。

对于平常人来说，"经历挫折"是个人成长和走向成功的必由之路。

因此，"再次意识到自身不足之处"的经验累积至关重要。

虽然干劲消退、忙得不可开交等负能量在所难免，但是也可收获欣喜，如："天才的成功经验不可效仿，这也是我宝贵的经历。"

适度找出一些方面给自己提气未尝不可，例如："这并非盲目的乐观""此前的经历也不是毫无益处""一切都是为了成长""总之需要正能量"……

笔者在此重申,"干劲消退实属理所当然"的心态本身并没有什么问题,只要确认自己不是无所作为、受人摆布、消极怕事的状态即可。

抱着这样的心态从"挫折期"迈入"当前期"和"推进期",据成功人士所说,"立足宝贵的失败经历,回归高昂的状态。所以,干劲的消退反而让人心怀期待。"

● 3周打造无惧挫折的体质

总之,从当前的小事做起,逐渐积累自信。

其中,接连成功的体验最为重要。"连续可以产生力量。"这是笔者的名言,当然实际执行起来并不容易。

虽然只是当前的小事,若能日复一日地"连续"实施3周,便可大幅提升成就感和自信心。

"真的只要这样就行了?"也许会有读者朋友感到疑惑,不过,你一定可以体会:如果不是强制执行,"连续"实施并非轻而易举之事。因此,无论多么微不足道的事项,只要持之以恒去做,那就值得肯定。

只要坚持一段时间,"变化"便可产生。也许小到自身都没察觉，但一定会有变化。

以学习英语为例，坚持记单词带来的变化就是："这个单词我知道""看英文电影时偶尔也能听懂几句"……

加大客户拜访力度之后，销售员可以吸收更多信息，话题也多了起来："听说你最近……"

几次会议下来，负责企划的职员心中也踏实许多："只是开了几场小会议，大家渐渐达成共识，项目也得以逐步推进。"

这类变化也可以说是"细小的成果"。在当前水平下适度增加时间、次数等，"细小的成果"便可变成"丰硕的果实"。

职场之中也许不能如此顺利，但如果什么都不去尝试，终究只会一事无成。再小的进步也值得称道，甚至极端地说，看开一些也未尝不可："本阶段的小成果足够让我心满意足啦！"

给上司留下好印象、获得好评等也许没那么简单，但至少可以渐渐打造自身无惧挫折的体质,这点尤为重要。

　　小成果的积少成多有助于自我肯定,这对打造无惧挫折的体质也不可或缺。

● 4种类型应对当前事项的处理要点

在第1章中，对应"挫折曲线"的4个阶段，笔者介绍基于自身性格原因等而区分的4类人，你属于哪一类呢？

着眼当前小事的时候，这4类人的想法和做法多少也有差别，具体如下：

> A：冲动型

这类人起初劲头十足，但做事缺乏计划，渐渐偏离初衷，容易半途而废。而且，他们过度乐观，缺乏真正的反省。

他们不太考虑当前应该采取怎样的行动，寻找和发现这些事项本身就是新鲜的体验。因此，索性**抱着任何小事都可**

以的心态设立目标继而实施吧。心中一旦产生"试着做做看"的想法，对他们来说就已经是进步了。

> B：夸大型

这类人目标定得太高，远远脱离自身当前的实际情况，坚持不了多久便会彻底放弃："实在是做不到啊……"

如果你也属于这一类人，难免勾勒"完美的自己"，制订的实施方案也过于严苛。这本身就是强人所难，有效且可行的办法就是一点一点降低自身"理想的高度"，同时放低当前行动的标准。

放低标准的核心在于：

- 缩小范围
- 压缩提炼

以学习英语为例，不再追求单词、惯用句和语法的齐头并进，而是只练单词。销售员则压缩目标和对象，把宣传重心放在具体某个市而不是全省，而且重点推销某某产品。

"完成当前这些小事压根无助于实现目标。"这是此类人的典型心理，不过无所作为终究无法前进，倒不如逐渐降低标准，保持稳步推进。

C：紧张型

这类群体盛产严肃认真的工作狂，他们往往制订过于细致的实施方案，但是因为日常工作忙得不可开交，结果无暇顾及。

既然不留余地等同于无法实施，那就尽量**放宽实施强度**、**留出时间**吧。

留出时间的核心在于：

· 减少次数

· 缩短时间

于是，在学习英语时，每天需要记住的单词量从5个减为3个。销售员则把每周2次的客户拜访降至1次。

鉴于不少人已经不习惯也不擅长留出时间，所以，在力所能及的范围内放宽实施强度不失为明智之举。

D：被动型

此类型于职场较为常见，目标设立并非出自本意，或是遵守公司的目标管理制度，或是听命于上司。由于缺乏主见，结果碌碌无为。

◆ 挫折类型应对"当前事项"的处理要点

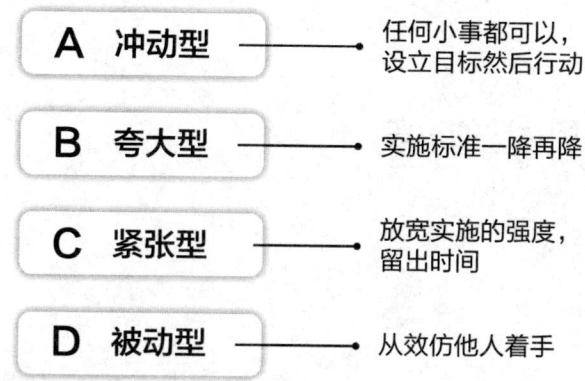

这类人容易人云亦云、效仿他人。只是,由于不确定是否真正适合自己,所以试着立足当前的大量事项,然后凭着本能设立目标吧。

此时,如果因为强度太大而遭受挫折,不妨降低标准、留出时间。

寻找和筛选适合自己的实施方案是一个反复比较的过程,需要消耗不少时间。因此,搜集信息必不可少,而且"效仿他人"的行为也需至少坚持3周。

●▷ 目标达成的阶段

看到这里，读者朋友想必可以接受：我们通常认为的树立目标意识、设立目标然后具体实施的方法仅适用于天才，对平常人来说并非易事。

回顾从前，我们究竟浪费了多少时间和精力呢？倘若真心希望实现目标，还请认真研读本章"专注当前"的实施方法。

该方法基于第24页的"挫折曲线"，深刻剖析平常人直到达成目标为止的心理变化，继而揭示各阶段相应采取的措施。

不过，由于缺少具体的指南，实施起来多少存在困难。

于是，**根据挫折曲线勾勒的形状，笔者把达成目标所需的技巧归纳整理成一张《神奇对照表》**。只需按照表上的顺序展开行动，便可极大地推动目标的达成。

在下一章中，笔者将结合具体案例依次讲解《神奇对照表》的记录方法及注意要点。

あらゆる目標を達成するすごいシート

第3章

▶▶▶

步步为营、达成目标

●〉达成目标的"神奇对照表"

正如前文所说,笔者将平常人达成目标所需的技巧归纳整理成一张《神奇对照表》。(详见第62页和第63页)

达成目标的挫折曲线总共分成4个区间:干劲十足的"高扬期"、紧随其后的"挫折期"、重新审视目标的"当前期",最后重燃斗志的"推进期"。

这4个区间对应达成目标的4个阶段,表中设置记录各阶段行动的空白处。只要按照顺序填写,你的行动便可接近并达成目标。

完整对照表已折叠并装订在本书的最后一页,请拆下后放大复印成A3等方便自己填写的大小。虽然4个区间对应4个阶段，但在使用对照表时，完全不必留意自身所处的区间，自然而然便可向着目标挺进。

而且，伴随时间的推移，依次填写的阶段还可以进一步细化。对照表的框架大致如下：

> 阶段1：高扬期

①填入想象中自己和他人未来开心的样子："如果能这样就好啦！"（绘画擅长的话可以插入图画）
②填入实现"开心的样子"所需完成的事项

> 阶段2：挫折期

③2~3周后确认②的执行进度，无能为力的话则写上"理由"。

> 阶段3：当前期

④三天打鱼两天晒网的自己也有力所能及的"当前事项"，把它们记下来。

（如果④的当前事项无法做到，还有空白部分可以填入更为眼前的事项。）

> 阶段4：推进期

⑤无论多小的变化，都是"自身值得肯定的变化"，把它记录下来

⑥找出当前习惯中"可以放弃的事项"并记录下来

⑦最后写上目标以及达成目标所需完成的事项

根据各阶段的执行情况，书写的内容也要相应进行调整。

此前笔者多次强调，"在目标达成之前一定存在进展不顺的时期（挫折期）"，这也是设计本表的前提。严格按照表格要求填写，无须设置具体指标，效果也是显而易见。

从下一页开始，笔者将对各阶段的填表内容展开详细介绍。

阶段1：高扬期

①填入想象中自己和他人未来开心的样子："如果能这样就好啦！"（绘画擅长的话可以插入图画）

②填入实现"开心的样子"所需完成的事项

阶段2：挫折期

③2~3周后确认②的执行进度，无能为力的话则写上"理由"。

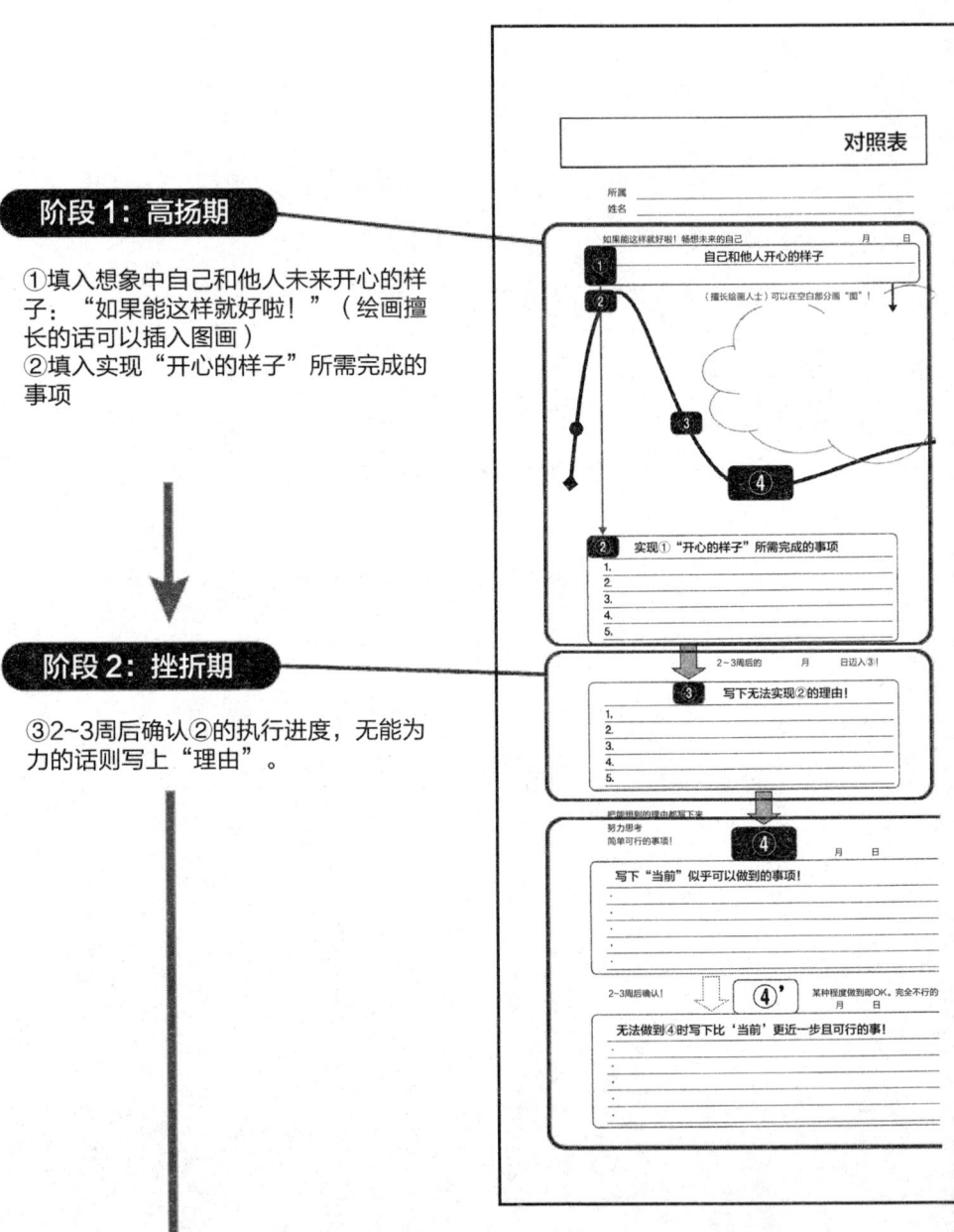

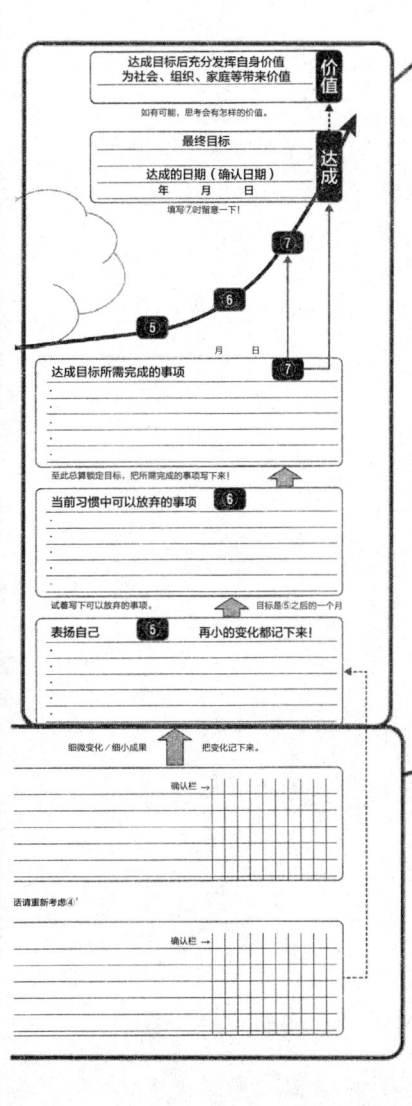

阶段4：推进期

⑤无论多小的变化都值得肯定，把变化记录下来
⑥找出当前习惯中可以放弃的事项并记录下来
⑦最后写上目标以及达成目标所需完成的事项

阶段3：当前期

④三天打鱼两天晒网的自己也有力所能及的"当前事项"，把它们记下来
（如果④的当前事项无法做到，还有空白部分可以填入更为眼前的事项。）

● 首先确立目标

> 阶段1：高扬期

"向着目标前进！""今年一定要……""好累，看我的！"……由于阶段1的"高扬期"是新目标的开始，整个人也格外兴奋和好奇。

企业管理难免会有要求把目标数值化的时候，不过，让我们首先把目标值暂且搁置，畅想一下目标达成之后自己会是什么样子，以及怎样才能实现那一天。

① 想象自己或他人开心的样子

接下来具体讲解目标如何达成，首先是一般的目标达成步骤，即思考目标的意义、确认目的是什么。这同样是天才实现目标的方法，而且以往的教育培训都是从这一环节讲起,所以笔者也把它作为第一步。

达成目标之后,自身处于怎样的状态,或者能给其他人带来怎样的感受?试着设想"开心的样子",然后填入"① 自己或他人开心的样子"这一栏。

既可以是缥缈不定的憧憬,也可以是清晰具体的形象。

在揭示目标达成轨迹的"阶段4"会把形象具体确定,所以此处简单勾勒即可。

如果头脑一片空白,不妨试着从下列角度审视自己或他人。所谓他人,即除了自己以外的一切对象,包括家人、朋友、客户、业务伙伴、公司、同事、地域、国家、宠物、物品、服务等。

- 因为自身的表现而表扬自己。
- 因为自身的表现而受到他人赞扬。
- 因为自身的表现让他人快乐。
- 得到喜欢的物品或服务时自己开心的样子。
- 为他人做出贡献,继而表扬自己。
- 为他人做出贡献,继而受到他人赞扬。

· 为他人做出贡献而让他人快乐。

◆ 首先写下高扬期"开心的自己"

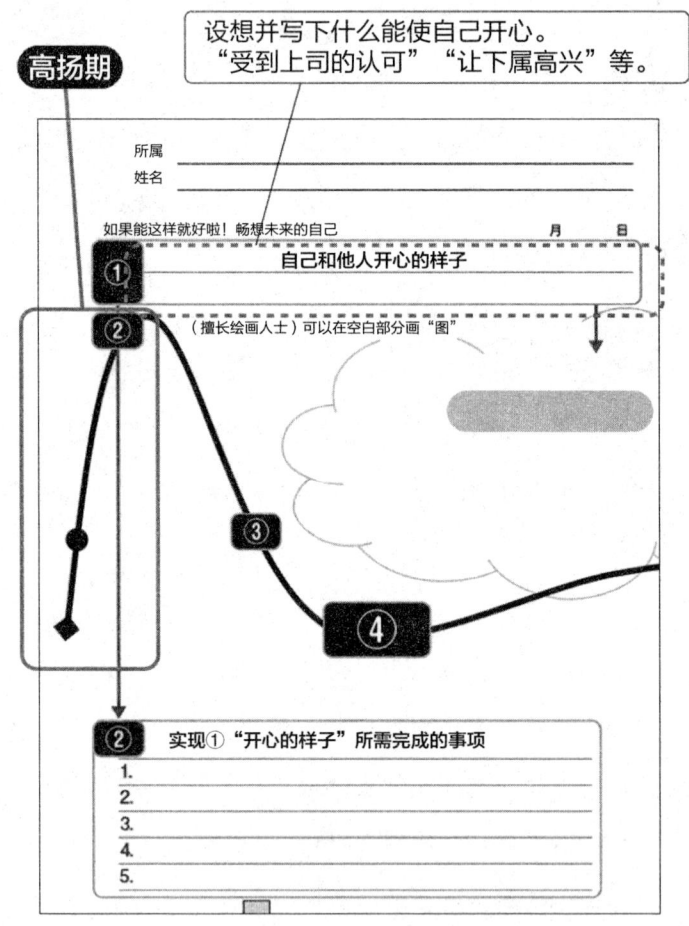

具体可以写下"签订合同而受到上司认可""帮助新人解决问题后对方开心的样子",如果是企业等组织机构的目标管理,则可以填入最终目标,例如"签约××元""成品率达到×%"。

此时,务必记得把达成目标后自己和他人的喜悦一并写下来,例如:"达成签约××元的目标,整个团队欢欣鼓舞。"

详细的填写方法可以参考以下例子。

(工作)

· 客户非常高兴。

· 客户接受我司服务后十分满意。

· 在使用我司的产品后效率提升,客户喜出望外。

· 上司喜不自胜。

· 由于自己达成目标,团队目标也得以完成,上司如释重负。

· 自身的成长得到上司的认可。

· 个人新签合同使得部门业绩名列公司第一,部门全员欢欣鼓舞。

· 个人业绩位居部门首位,受到众人称赞。

（个人）

- 成功戒烟后全家都很高兴。
- 减肥成功、可穿的衣服变多之后非常开心。
- 体检指数恢复，总算可以松一口气。
- 考证成功的自己真了不起。
- 买房的预付款已经存够，夫妻俩倍感欣慰。

对照表中也已留出空白部分以便"画图"，毕竟有些人擅长文字描述，而有些人更习惯用图画表达。具体如何表现，全凭个人兴致。"图画"可以使理想变得更加形象生动，粘贴照片、画像等也是不错的选择。

② 思考如何实现"开心的样子"

把美好的愿望记录下来，然后便是思考如何实现的问题。

从企业的目标管理制度来说，那就是对应"具体措施""实施方法""达成方针""输出方式""完整流程"等科目。在对照表中，我们需要填入"怎么做"才能达成目标，以及"怎样"才能向着目标挺进。

在为了目标而努力的过程中，撇去"为什么"这个目的，就属"需要怎么做"最为重要。既然这点如此重要，要想做到也绝非易事。

无论个人目标还是企业目标，假如脱离对具体实施方法的思考，那目标只不过是口号。笔者在此列举几则企业的例子，这些都是从客户公司的目标管理表中摘录而来。

◆ 实现"开心的样子"所需完成的事项

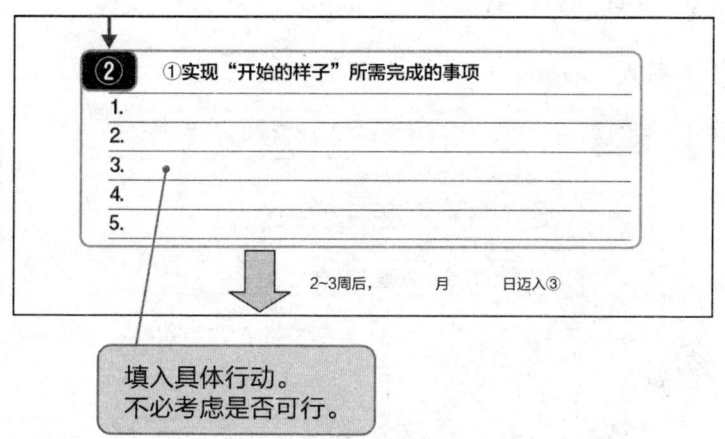

（销售岗位的实例）

· 团队共享客户信息，实施团队作战。

· 编制新客户的列表，开拓新客户。

・精准审核设计部的预估报价。

・向现有客户推销订单外的产品。

笔者以"销售员""经理""学习英语（个人目标）"、其他行业"需要完成的事项"为例填写对照表如下，请读者朋友参考。

◆ "需要完成的事项"填写示例

（示例A　销售员）

> ❷　①实现"开心的样子"所需完成的事项
> 1. 密切与顾客和代理店的联系。
> 2. 制订与5家代理店相关的企划方案。
> 3. 探索前所未有的销售渠道。
> 4. 构筑符合IT社会的新型营销方式。
> 5.

（示例B　经理）

> ❷　①实现"开心的样子"所需完成的事项
> 1. 每周与下属面谈。
> 2. 时常确认下属的工作进度。
> 3. 共享行业趋势、其他公司的动态、内部会议等信息。
> 4.
> 5.

(示例C 学习英语(个人目标))

②	①实现"开心的样子"所需完成的事项
1. 每天4点起床。	
2. 每天学习2小时英语。	
3. 日常交流尽量说英语。	
4.	
5.	

◆ (其他行业)所需完成的事项

(制造业岗位通用)

・编制作业指导书,实现业务标准化。

・汇总以往的作业指导书,实现通用产品的作业标准化。

・分析现场作业,实现工程自动化。

・实现作业时间平均化,确定标准作业时间。

・学习其他工程知识,以备跨专业工程的需要。

・每天审核图纸,开会确认进度。

・对难度等级为A的零部件加工展开培训,确保每名技术人员可以完成3种零部件的加工。

- 编制加工统计表,汇总实际工作时间。
- 整理每件产品的加工规格书。
- 获取现有设备的信息,提高加工的效率。

(设备保养及维护)

- 完善作业指导书、维修笔记,1个人便可完成作业。
- 参照保养规格书,对不太需要保养的设备加以分析、确认。
- 前往现场维护设备时,尽可能与现场负责人沟通。
- 在多人进行维护时,相互确认完成情况。

(IT系统设计)

- 在提交系统方案前充分了解客户的业务情况。
- 与客户的负责人联系,部门全员分析并把握存在的问题。
- 提交的方案已整合硬件、基础配件和系统。
- 设计及研发方向报客户审核确认。

（**IT系统研发**）

· 简化A模块，1个人便可完成全部研发。

· 提交优化数据库的方案。

· 编制通用设备驱动程序。

· 理解公司的编码规则，指导新人编程。

（**设备**）

· 整理设备清单，从个人管理过渡到共同管理。

· 编制设计流程图及设计标准书。

· 整理纸版资料，形成电子文档。

· 坚持日常巡检，积极发现问题。

（**质量保证**）

· 推行质量保证相关的网络教育，提升基础知识。

· 分析以往的问题报告，研究倾向性并提交应对方案。

· 为了减少不合格产品，定期召开各部门研讨会。

· 时常掌握法律及规格的变更，及时召开公司内部相应的培训。

（检查）

- 检查产品时备好清单。
- 存在偏差时，为了避免遗漏检查的产品，再次进行确认。
- 确认订单的交货期，确认产品均已被检查。
- 在充分理解检查标准、客户要求之后，判断产品是否合格。

（仓库）

- 产品发货前事先通过电话、邮件、传真等加以确认。
- 确认客户如期收到产品。
- 编制货期管理清单，避免延误发货。
- 与客户研讨延误到货的原因，提高准时到货的百分比。

（研发）

- 分析及改善研发瓶颈，缩短研发时间。
- 召开跨部门会议，吸收其他人员的奇思妙想。
- 参加各行业交流会，接受外界的激励或打击。

- 与销售员一起面见各制造商,加强与客户的交流。

(客服)

- 视客户反应作出判断,编制传单和通告。
- 彻底管理库存,确保在库产品完好无损。
- 统计并分析以往的投诉案例,提出解决方案。
- 合理安排兼职员工的轮班日程。

(护理)

- 各科室引入考试,确保能应对本部门的代表性病症。
- 管理床位,确保病床流转的最优配置。
- 结合现场实际修订紧急管理手册。
- 改进观察患者的流程。

(总务人事)

- 削减全公司不在工作时间内的劳动。
- 坚决执行实施方案,毫不拖泥带水。
- 指导归档方法,确认各部门正确执行。
- 策划并实施安全卫生教育相关的启蒙活动。

（经营管理）

- 确立财务管理制度,每天的收益及费用均可把握。
- 明确发票的流转,及时通知相应部门。
- 仔细准备对内对外的提交资料,确保没有差错。
- 统一公司各类文件的模板。

● 无法实现并不奇怪,写下"理由"即可

> 阶段2:挫折期

关于前文所说"②实现'开心的样子'所需完成的事项",实际是否可行?

过了2~3周之后重新审视,结果发现因为各种各样的原因而止步不前,或是没有时间实施,或是被紧急安排其他的工作……

针对①"如果能这样就好啦"的目标,"必须这么做""毫无疑问就是这个方法"等思考的内容对应的正是"需要完成的事项"。

虽然内心认可这些事项的正确、合理和完美,然而具体日常实施想要做到按计划完美进行非常不容易。倘若缺乏足

够的觉悟和斗志，往往以失败而告终。

另外，这些事项看上去好像已经具体到细节了，但在实际执行中，不知从哪里着手的部分也并不少见。即便斗志满满且做好艰难前行的心理觉悟，找不到门道仍是束手无策，结果依然是无法达成目标。

笔者此前已经多次强调，目标无法达成是非常常见的，而且也是意料之中、理所当然的事情。

在对照表"②实现'开心的样子'所需完成的事项"中写下内容后，几乎没有人会立刻付诸行动，除非是极少数抱有使命感的天才。

天才志存高远，取得成功的方法也不是平常人可以效仿。

因此，只要心中建立"中途受挫也无妨，因为这是理所当然"的认知，我们也就不必对无法按时达成目标耿耿于怀。

无论公事还是私事，如果待办事项堆积如山、自身应对眼前任务已经手忙脚乱，自然无暇为新的目标而努力。

然而，这并不意味着面对挫折我们就要无动于衷，关键在于**认同人人都会经历挫折，然后接受自己也只是平常人的现实**。

所以，填完《神奇对照表》的第②栏，过2~3周之后再展开下一步行动。

◆ ③写下无法实现②的理由！

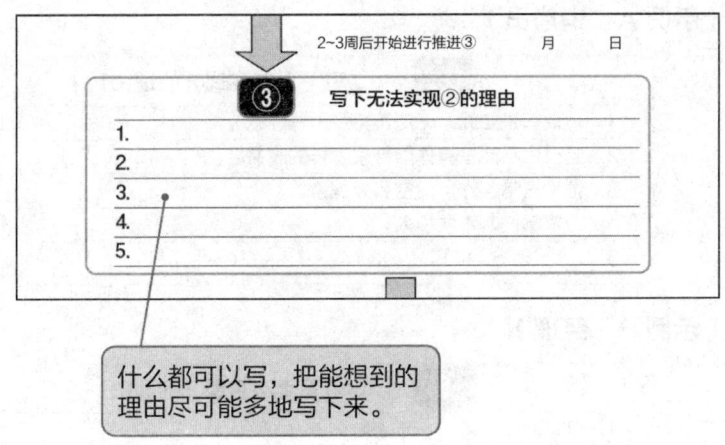

③ 写下无法实现②的"理由"

写下"②实现'开心的样子'所需完成的事项"之后，

你会发现，有些事可以做到，有些事则不然。对于可以做到的事不要忘记表扬一下自己，然后把焦点集中到做不到的方面。

神奇对照表的第③栏是"写下无法实现②的理由"，针对做不到的事项尽可能多地写下理由。

◆ "理由"填写示例

（示例A　销售员）

③	③写下无法实现②的理由！
1. 一直都是如此，无法再特意做些什么。	
2. 自己也不清楚具体能带来怎样的收益。	
3. 忙于日常工作，没空另外探索。	
4. 希望渺茫，不敢投入。	
5.	

（示例B　经理）

③	③写下无法实现②的理由！
1. 日程冲突。	
2. 每天工作忙不过来，完全没时间确认。	
3. 没有值得注意的信息。	
4.	
5.	

(示例 C 学习英语(个人目标))

3	③写下无法实现②的理由！
1. 下班太迟，晚上还要看电视，早晨起不来。	
2. 注意力坚持不了2小时，完全不知道在学些什么。	
3. 勇气不足，不敢迈出一步。	
4.	
5.	

以往多次尝试却无功而返，只好把这些事项记录在对照表的第②栏。向着目标努力本身并不容易，只能暂且搁置，以当前其他要紧的事情优先。这也是无可奈何之举，把能想到的理由都写下来吧。

●▶ "没有时间"和"无法坚持"是两大理由

常见的理由

・会议太多,没有时间安排。

・平常业务繁忙,顾不上其他。

・尝试之后发现比预想的困难许多,就此止步不前。

・不知从哪里着手,结果一步都没迈出去。

・事到如今已经毫无动力。

・前路漫漫,不知如何是好。

・这是非做不可的事情,所以不想放弃。

・忙着带孩子和做家务,完全抽不出时间。

理由五花八门,总结一下无外乎两个:"没有时间""无法坚持"。

也许笔者有些武断,对于大部分普通人来说,不管基于哪种理由没有完成计划,最后大家甚至都没时间在第②栏写下"需要完成的事项",或者只能沦为一条"无法坚持"的记录罢了。

假设把减肥作为目标,则具体措施主要是限制卡路里、加大运动量这两条。

但是,工作中免不了大吃大喝的应酬,朋友相约喝茶的邀请也盛情难却。此时,别说不吃不喝,少吃少喝都难以做到。

与"戒烟""戒酒"时瘾头让人欲罢不能类似,长期坚持"放弃"和"克制"的行为本身并非易事。

那么,作为减肥的另一种方法,运动的效果又是如何?

运动的目的是促进新陈代谢、加快卡路里的消耗,这些都需要投入相应的时间,而时间恰恰就是问题所在。起初或许每天都在锻炼,渐渐演变成2天1次,继而3天1次……最后,不胜其烦,只能放弃。

笔者没有减肥的经历，只是曾经在学生时代因为运动不足和朋友们每周去两次健身房。但是，笔者只坚持了1个月。本身缺乏明确的目标，需要处理的事项以及娱乐活动等明显更吸引自己，渐渐也就放弃健身。

无论工作还是个人的目标，理由再多，终究脱不出"没有时间"或者"无法坚持"的范畴。因此，下一步的行动要点就是如何让这两条不再成为借口。

●▶ 从再简单不过的"当前"着手吧

> 阶段3：当前期

如果对于"目标一定会失败的"这样的认知缺乏足够的心理准备，遇到无法坚持的挫折期时，计划实行者也会信心不足。即使写下达成目标的实施计划，也会感到灰心丧气。

受挫本在情理之中，而写下的理由无非"没有时间"或"无法坚持"。既然如此，可以把实施方案定得更简单一些。

本书最大的秘诀在于专注**"当前"**，简而言之就是**大幅下调目标实施方案的标准和频率**。

"这样岂不是偏离目标？"

"怎么可以降低标准？"

"过于简单还有什么意义？"

……或许会有人心生疑惑，但是，中看不中用的计划也无助于达成目标。

对于仅有一次的宝贵的人生来说，碌碌无为、一事无成并不可取，积少成多、步步为营才能活得更漂亮。

我们不是具有强烈使命感的天才，但是，在他们前进一步的时候我们可以"挺进"半步，也是值得肯定的。假如奢求与天才保持同步或同样的标准，结果只会乱了自己的节奏，就此止步不前。

因此，"当前事项"堪称重中之重。

正如龟兔赛跑一般，我们无法奔跑跳跃，但是至少可以一步一个脚印地迈进。

在目标设定的3周后，干劲沿着挫折曲线跌到谷底，但要记住，此时也恰是反弹的最好时机。

④ **写下"当前"似乎可以做到的事项！**

在思考"当前"的行动时，目标意识和实施方案可以全部抛之脑后。只需专注当前的客户、工作、个人情况，发现可能有效或变得更好的事项，并且记入"④写下'当前'似乎可以做到的事！"。

只要是简单可行的事项即可，不必标新立异，例如"即便没有业务交集，每天也给从客户列表中筛选的2人打电话或发邮件"。

写下之后付诸实践，坚持2~3周，以此验证是否可行。然后，找出比"当前"更近一步的事项，填在第④栏下方的"④'无法做到④时，写下比'当前'更近一步且可行的事！"。

此时，我们需要把标准再降一级，把更加可行的事项写下来。

◆ "写下'当前'似乎可以做到的事!"示例

（示例A　销售员）

写下"当前"似乎可以做到的事项!
・在黄金周前整理完成客户列表。
・即便没有业务交集，每天也给从客户列表中筛选的2人打电话或发邮件。
・即便没有业务交集，每周也和代理店通话2次。

2~3周后确认!　　　④'　　某种程度做到即OK。完全不行的话请重新考虑④。
　　　　　　　　　　　5月　6日

无法做到④时写下比'当前'更近一步且可行的事!
・不必整理客户列表，使用现有名单。
・按照自上而下的顺序，每天从现有名单中选出1人并且打电话或发邮件。
・作为定期联络，每周一给代理店打一次电话。

（示例B　经理）

写下"当前"似乎可以做到的事项!
・每天傍晚从待在公司的下属中任选1人，确认"今天是否有新的进展"。
・不必特地开会，把认为重要的信息群发给全体部门员工。

(示例C 学习英语(个人目标))

写下"当前"似乎可以做到的事项！
· 每天记住5个惯用句。
· 每天听3段对话。
· 上班路上用手机听英语。

2~3周后确认！ ④' 某种程度做到即OK。完全不行的话请重新考虑④。
5月 4日

无法做到④时写下比'当前'更近一步且可行的事！
· 每天记住3个单词。
· 每天听1段对话，默记内容。

◆ "写下'当前'似乎可以做到的事！"的检查栏填写示例

细微变化/细小成果　　　把变化记下来。

检查栏→ 6/1 6/8 6/15
○　○　○
×　×　○
△　△　×

对照日期，以○、△、×等确认完成情况。

也许笔者说得有些夸张,其实有些目标真的是只要几分钟就能搞定的小事,关键在于可以日复一日地持续推进。

虽然实际工作未必都像这样循环往复,但是在与人的交流方式、汇报的技巧等方面多少会在这些细小的坚持中发生变化。

此外,《神奇对照表》第④栏的右侧附有"确认栏"。我们可以对照日期,以〇、△、×等对"当前似乎可以做到的事"加以检查,确认进度和完成情况。请自行确定检查周期,如果是每天执行的项目,则1周或2周较为合适。

如果是用于工程管理的计划进度等内容,可以自由修改本栏格式,然后对照时间节点进行确认。

根据笔者指导多名客户调整实施方案的经验,坚持推行"④,比'当前'更近一步的事项",3周下来多少可以形成习惯,继续推进的可能性也大为增加。

换言之,如果简单的事情坚持不了3周,说明还是有些为难、苛求自己。迟迟不能提起干劲,只因为向着目标的努力并不符合自身的实际状况。

此时可以多次填写对照表的第④栏，如果写不下或者纸面脏乱，不妨添加附页，或者替换新的表单。

总之，关键在于：调整实施方案、降低标准和频率、坚持执行3周。

●▶ 坚持不懈，养成习惯

根据笔者观察多名客户的经验，只要能再坚持1个月，则习惯基本养成。

工作自不必说，习惯也对人们的日常生活产生影响。习惯深深附着于我们体内，一旦养成，偏离习惯时就会觉得"难受"。

例如，有些人习惯早晨读报，如果哪天报纸没有送来，他们就会坐立不安。

刷牙也是同理。有些人喜欢一起床就刷牙，有些人则安排到早饭后，倘若不能按照习惯来就会觉得浑身不舒服。

但是，对于早晨不看报纸或者没有固定刷牙时间的人来说，心情不会因此变坏，甚至觉得没有必要小题大做。

职场存在同样的情况，有些职员习惯了每天事无巨细都要报告、联系、商谈。一旦缺少其中一个环节，情绪立刻受到影响。

"踏上社会的前三年以及遇到的第一位上司将决定你此后的人生。"这样的说法确实不无道理。走出校门的毕业生既没有一技之长，也没有养成任何职业习惯。于是，效仿第一个公司、行业、上司、前辈的做法也在情理之中。

原本只是一张白纸，不得不反复模仿他人，他们逐渐对此习以为常，行为和思维也形成惯性。

所以，习惯一旦养成，无论工作方式还是个人生活，再想改变唯有下定决心、付出极大的努力，求变却遭碰壁的结果是情理之中，也是符合科学规律的。

因此，首先需要正视这3周的时间，坚持发现和推进"当前事项"。然后，自身或周围多少会有变化发生，虽然通常不会是大的变化或者具体的成果。有些成果虽然微不足道，好歹还能感知，更多的则是连"成果"都称不上。

即便如此，只要把日复一日推进的行为写入《神奇对照表》的第④栏，坚持3周就一定会产生变化。大多是细微的心态变化，但已值得称道："我能坚持3周真了不起！"

● 〉 **表扬坚持不懈的自己**

⑤ 无论多小的变化,不忘记录和表扬自己

推进当前事项继而产生变化之后,把成果或心情记入对照表的"⑤表扬自己,再小的变化都记下来!"。

沿用前文阶段3的示例(第85页),具体表扬的方面详见第97页。

再小的变化都值得记录。接受挫折是必然存在之事固然重要,敏锐地察觉并专注于当前事项带来的细微变化,无论对自身心情还是周围事物均予以认可,这点同样重要。

这也有助于增强自信,坚定"我也可以做到"的信念。

正所谓"若想达成目标,首先需要付出",如果什么都不去做,结果只能一事无成,只有一步一个脚印才能走向成功。

兔子一分钟能跑50米,而乌龟只能前进1米左右。虽然差距明显,但这1米也是乌龟努力的成果,因此值得肯定。

这般小小的信心积累具有极为重大的意义。

也许3周本身没有带来一目了然的变化,但是坚持下来多少也成为一种习惯。冷静分析自身的心态和现状,即便周围没有改变,内心一定与先前有所不同。

此时只需注意一点:不必在意周围的目光,关键在于敏锐地发现自身心态的变化。

倘若关注周围的评价,很有可能不是指责他人就是被他人挑剔,例如:"我都做到这个份上了,怎么周围的人都没什么反应?""我这样为你尽心尽力,怎么连句谢谢都没有?""我已经想尽办法了,工程滞后是设备的问题。""介绍那么细致了,但客户还是不下单,真是不可理喻!"……

达成目标的努力源自自身的行为,与他人无关。只是个人的努力在不经意间会对他人施加影响,无形之中起到帮助他人的效果,并非他人有求于你。

◆ ⑤ "表扬自己,再小的变化都记下来!"示例

(示例A 销售员)

表扬自己	⑤	再小的变化都记下来!
・定期联系没有落下,真是好样的!		
・客户C先生给我介绍新客户。		
・代理店的A先生给我提供信息:"说起来……"		
・		
・		

(示例B 经理)

表扬自己	⑤	再小的变化都记下来!
・最近听△△说◆◆系长心事重重,于是和系长聊了一次。		
・□□先生感谢我向他提供信息。		
・		
・		
・		

（示例C　学习英语（个人目标））

```
表扬自己           ⑤           再小的变化都记下来！
·比以前更快记住。
·可以听懂一段配字幕的电影。
·朋友夸我说："你竟然记得这么多单词！"
·
·
```

如果一直对周围的评价念念不忘，习惯性提高目标达成的实施标准，遵从别人的评论。如此一来，难度相应提升，自身难以坚持，结果只能放弃，重回以往屡战屡败的"老路"。

因此，我们首先需要树立信心，认可坚持不懈的自己，"坚决执行既定的3周实施方案"即可。

这样一来，对照表第④栏"当前事项"的内容也可以继续填入。一下子拔高标准未免过犹不及，倒不如稳步提升。只是，提高标准本质上还是加大了推荐难度，而且容易将受挫的情绪归咎于他人。所以，标准一有上升就立刻调回先前水平也未尝不可。

此外，在填写对照表第⑤栏"细小的变化"时万不可掉以轻心。

虽说已经实现了"完成当前事项"的所有目标，但自身的身体或者心理还承受不了实施标准的提高和巨大的变化。无论延续当前状态还是逐步提升标准，习惯"完全"养成仍需假以时日，通常再坚持2~3周较为合理。

在对照表第⑤栏写下变化之后，再过1个月左右基本就没问题了。具体时间当然基于个人风格或实施内容而有所区别，但1个月足以作为是否能够坚持的标准。实现这一步后基本不再会有大的变动，便可向着下一阶段迈进。

●▶ 放弃当前习惯，为新目标排出时间！

> 阶段4：推进期

接下来便可一鼓作气向着目标的达成推进。

在对照表第④栏写下"当前似乎可以做到的事"，然后若能在2个月左右"达成当前事项"，信心油然而生。

当然，徒劳无功的可能性同样存在。此时，切勿勉强自己，立刻回到第④栏重新设定当前事项的勇气也是不可或缺。

⑥ 找出当前习惯中可以放弃的事项

在向着目标迈进的征程中，还有一条重要的原则就是"放弃"。这也是对照表"⑥当前习惯中可以放弃的事项"

需要填入的内容。

在阶段2——挫折期时，我们需要在对照表第③栏写下"无法实现②的理由"，而最大的原因无非是"没有时间"或者"无法坚持"。

"行动无法坚持"是因为所需的标准和频率超出自身能力，所以在第④栏写下当前似乎可以做到的事项。随着"步步为营推进实施方案"的信心不断增强，问题自然化解，留待解决的只剩"没有时间"。

无论工作还是个人的目标，是否值得投入，人们往往在意的是"能否提高效率"。然而，**"哪些可以放弃"更值得关注**。

"放弃"直接关系到我们能否达成目标。如果"没有时间"，那就"挤出时间"。毕竟，时间如何安排完全取决于我们自己。即便浑浑噩噩、无所事事度日，时间依然流逝，只不过被"发呆"浪费而已。

盛满水的杯子无法继续加水，鼓鼓囊囊的箱子也塞不进新的东西。只不过，在水面张力的作用下多少还能再往杯子里倒进一些，箱子装得再满也总可以挤出空间。

阶段3"专注当前事项"的行为正是基于这个原理。但是，对当前的我们来说，杯子和箱子已是满满当当，完全没有着手的余地。

既然如此，你是否想过倒掉一些水、拿出一些物品呢？

时间的安排也是同理。每天的时间都被各种各样的安排占据，如需加入新的事项，只能通过舍弃当前事项以腾出时间。

如果说克服"无法坚持"的关键在于步步为营地推进当前事项，那么应对"没有时间"的秘诀则是"有所放弃"。

时间如此珍贵，万万不可浪费。所以，在筛选可以放弃的事项时，应当重点关注对未来的自己是否确实必不可少。对多数人来说，只要这么一想，心中便有了答案。

在对照表第②栏"实现开心的样子所需完成的事项"中，你是否写下"放弃××"的语句呢？如果已经写好，那就照搬到第②栏吧。

最初写在第②栏的时候，也许会经历挫折、无能为力。但是，随着持续推进、信心累积，如今或许可以实现。当然，如果目标定得较高，切勿为难自己，适当降低标准也无妨。

◆ ⑥ "当前习惯中可以放弃的事项"示例

（示例A　销售员）

当前习惯中可以放弃的事项	⑥
·公司聚餐5次中拒绝1次。	
·克制烟瘾，2天只抽1根。	
·	
·	
·	

（示例B　经理）

当前习惯中可以放弃的事项	⑥
·取消各类报告会（改为研讨会）。	
·	
·	
·	
·	

(示例C　学习英语（个人目标）)

当前习惯中可以放弃的事项 ⑥
・卸载××手机游戏。
・看电视的时间减半。
・
・
・

"放弃××之后更能有效利用时间呢。"不知不觉间，这样的念头逐渐增多。把它们填入对照表第⑥栏，并且结合实际调整难度、积极实践即可。

●▶ **逐步接近真正的目标**

⑦ **达成目标所需完成的事项**

　　到了这一步，我们终于可以锁定最初的梦想，把达成目标所必不可少的重要事项写在对照表的"⑦达成目标所需完成的事项"。

　　按照神奇对照表的排版，从左侧相邻的第②栏"实现开心的样子所需完成的事项"中筛选内容填入第⑦栏也可。

　　虽然时过境迁，当初在第②栏写下的事项可能需要重新考虑，但原样照搬的内容依然可以找出许多。

　　填表的时间可以与填写第⑥栏"可以放弃的事项"同步，或者选在某种程度上成功放弃第⑥栏部分内容的时候。

根据大部分客户的反馈来看，有舍才能有得。只有放弃才能腾出时间，取而代之的是达成目标所需完成的事项，这才是明智之举。

写下第⑦栏后，把目光移向对照表的右上部分，这才留意到完成⑦的结果、最终目标是什么、什么时候对此确认。

最后的最后，假如心想事成，再想一想达成目标对于社会、公司、家庭等会有怎样的价值和意义。

其实，这就是所谓的"目的"。

通常，人们认为"目的→目标→实施方法"的步骤较为理想，许多成功人士对此推崇备至。

这么做固然可行，但仅限于使命感强烈的天才，普通人不可能一下子达到这样的水平。对后者来说，不如专注当前事项，逐步积累自信，留意他人欣喜的样子和周围的变化，真正树立目的意识、目标意识和达成意识。

通过亲身经历去理解和掌握，这是适合普通人的成功之路。

完成这一步,接下来只需关注实践的结果即可。

与第⑥栏相同,如果"⑦达成目标所需的事项"在执行过程中多有勉强,就难免灰心丧气。此时,我们需要轻松面对、继续坚持,"再经历挫折也不怕"。

重新填写新的表格也可以,在原表的下方补充填写也可以,总之,回到第③栏"写下做不到的理由!"吧。立足已经完成的事项,稍微提高一些标准,继续从当前似乎可以做到的事起步吧。

只要坚持不懈,终有一天你会抵达胜利的彼岸、成功达成目标。

◆ ⑦通过"所需完成的事项"实现"达成"和"价值"的示例A

（示例A　销售员）

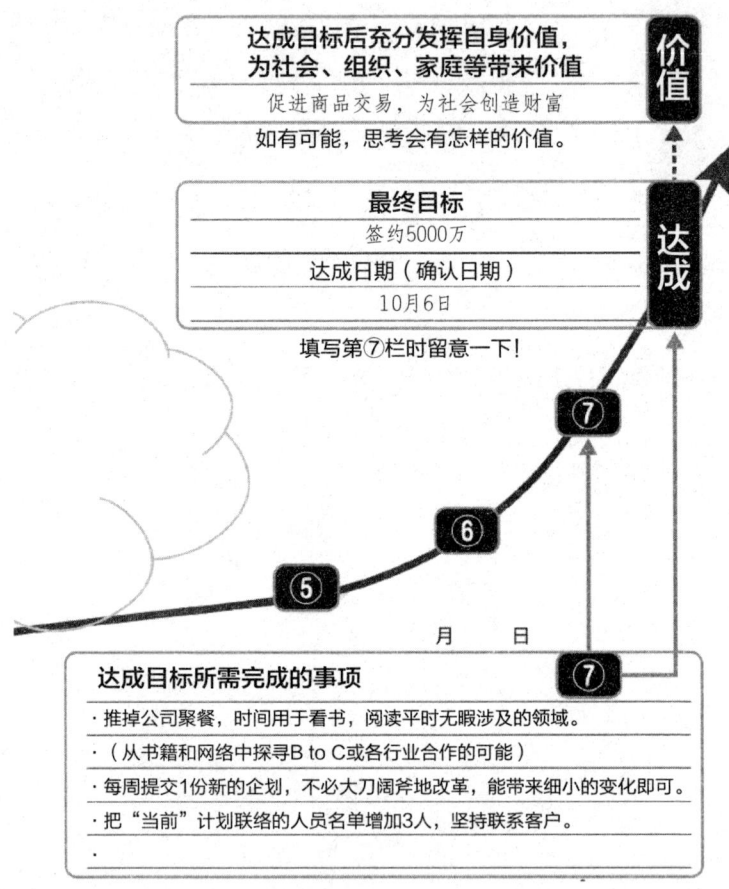

◆ ⑦通过"所需完成的事项"实现"达成"和"价值"的示例B

（示例B 经理）

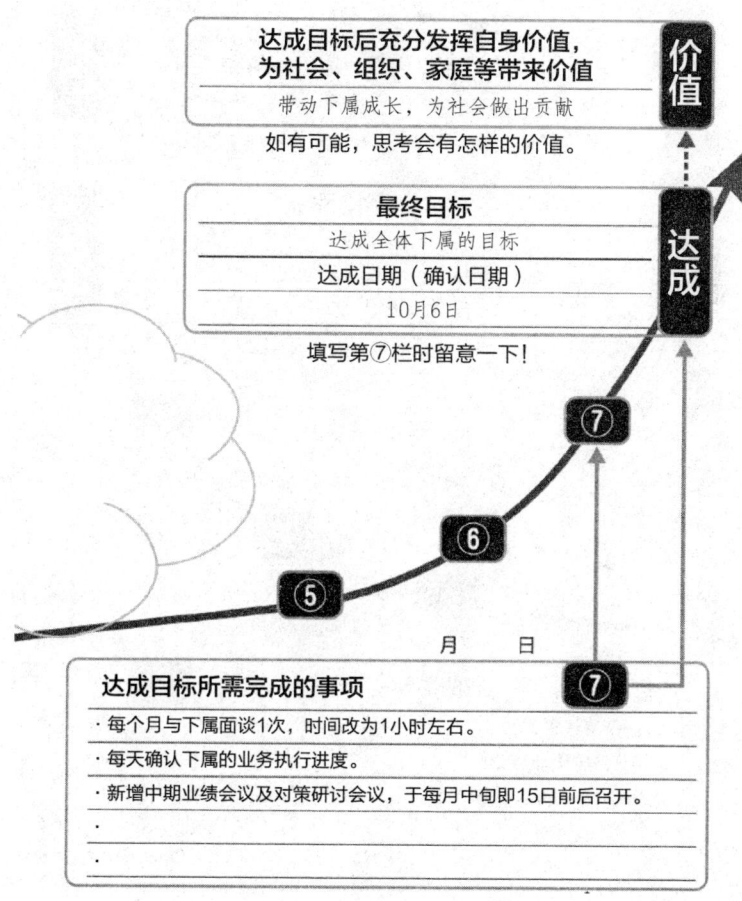

◆ ⑦通过"所需完成的事项"实现"达成"和"价值"的示例C

(示例C 学习英语（个人目标）)

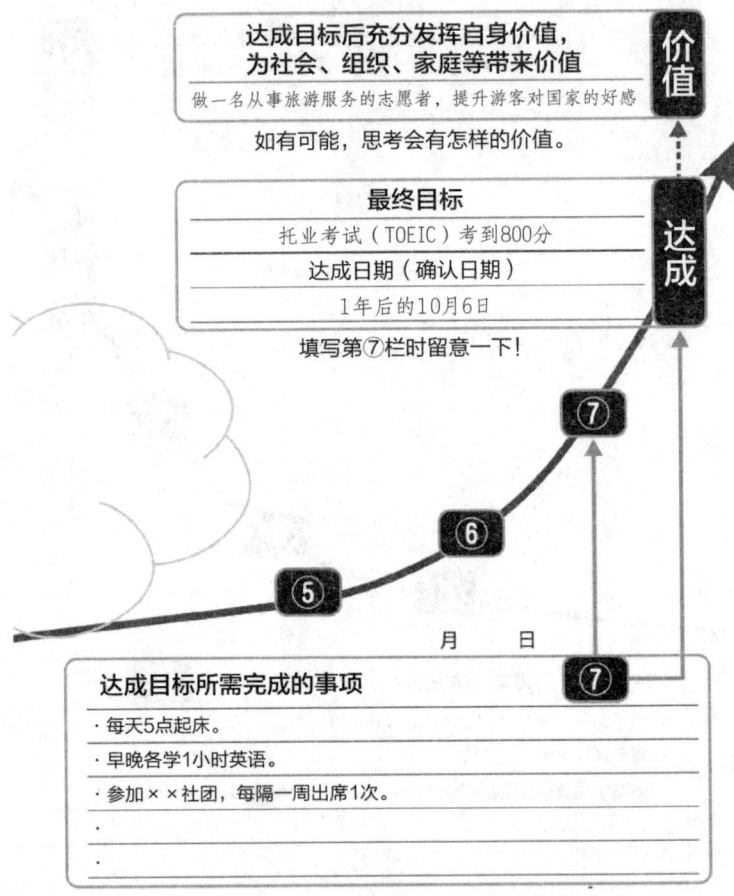

あらゆる目標を達成するすごいシート

第4章

调动周边因素达成目标

—— "神奇对照表"的4则方法

●▶ 调动周边因素的4则方法

基于第3章的介绍，处于阶段3——当前期的时候，只需找出简单可行的事项并且持续推进。

如果看似简单可行的事项在执行过程中让人受阻，则不断回到对照表第④栏"'当前'似乎可以做到的事项"，寻找比当前更近一步、更加简单的事项并加以实施，这才是达成目标的必由之路。

话虽如此，坚持本身并不是很容易的事，此时我们可以借助本章重点介绍的4则方法，具体如下：

◆ 调动周边因素的4则方法

① **自我沉迷：** 这则方法是让人对记录乐在其中，对于喜欢收集的人士格外有效。

② **接受检查：** 这则方法是让记录接受他人检查，对于意志薄弱、需要鞭策的人士格外有效。

③ **不吝嘉奖：** 这则方法基于各人生节点给自己备好奖品，有意识地激励自身。

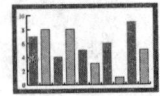

④ **积极竞争：** "接受检查"的进化版，不再单纯地接受检查，而是积极与他人就坚持推进当前事项的方面展开竞争。

①自我沉迷

这则方法使得自己对"记录"乐在其中，对于喜欢收集的人士格外有效。

②接受检查

这则方法是让先前"自我沉迷"的记录接受他人检查，对于意志薄弱、需要鞭策的人士格外有效。多少借助他人来约束自身，但不至于沦为"胡萝卜加大棒"政策中的大棒。

③不吝嘉奖

这则方法基于各人生节点给自己备好奖品，有意识地激励自身，对于自恋人士格外有效。

④积极竞争

"接受检查"的进化版，不再单纯地接受检查，而是积极与他人就坚持推进当前事项的方面展开竞争。这则方法对于好胜心强但缺乏耐心的人士格外有效。

▶ 对"记录"多下工夫

①自我沉迷

"自我沉迷"的说法有些委婉，其实只需"做记录"即可。"沉迷"的潜台词就是行为出于本能，非但对自身的当前行为浑然不觉，甚至连目的和目标都抛之脑后也毫无影响。

留下记录正是坚持推进当前事项的方法之一。在下定决心执行某个当前事项之后，具体是否实施需要以肉眼可见的形式记录下来。

在对照表"④写下'当前'似乎可以做到的事项！"的右侧附有确认栏，具体可根据自身需要进行详细设计。

记事本、电脑、手机APP等均可为我所用。有些人用电脑软件设计表单，有些人则把日历改造成专门的记事本，并且用画○或×的方式检查进度。

第117页的表格出自某位年轻的销售员之手，用于确认与公司内其他部门互动的完成情况。

与其他部门互动所涉及的想法和行动策略可谓千头万绪，但在他看来，只要有面对面的交流就算。小到点头招呼，大到聊天或交谈。

然而，有心付诸实践，着手时却一片茫然，他也不知道自己究竟能否做到。经过一番讨论，他听取笔者的建议：记下行动，形成一目了然的记录表。

◆ 行动记录示例

	面对面谈话	团体交流或仅为寒暄	毫无交流	达成率
	○	△	×	82.8%
06/23	4	1	1	66.7%
06/24	5	0	1	83.3%
06/25	6	0	2	75.0%
06/28	8	0	0	100%
06/29	6	0	1	85.7%

07/05	4	0	2	66.7%
07/06	4	0	0	100%
07/08	6	0	3	66.7%
07/12	5	1	1	71.4%
07/13	4	0	0	100%
07/14	7	0	2	77.8%
07/15	5	0	0	100%
09/01	5	0	1	83.3%
09/02	10	0	2	83.3%
09/07	3	2	0	60.0%
09/08	5	1	0	83.3%
09/09	4	0	0	100%
09/10	7	0	1	87.5%
09/13	4	0	0	100%
09/14	4	1	0	80.0%
09/15	3	0	0	100%
09/27	3	0	1	75.0%
09/28	3	0	0	100%
09/29	2	0	2	50.0%
10/01	9	0	3	75.0%

※ 达成率按〇的对话人数除以总人数（〇、△、×的合计）的百分比计算。

表格按照互动的对象及方式分成"面对面谈话""包括会议或用餐时的团体交流，或者仅为寒暄""毫无交流"三类。他每天在日历本上做记录，并且按照当日公司的出勤人数计算达成率。

如果遇到出差或者一整天都在开会的情况，也就没有与统计对象互动的机会，于是当天不做任何记录。

按照这个例子，以与其他部门员工互动为目标，人们通常围绕私下交流制定实施方案。为了互动而积极寻找对话的机会，结果并不顺利。

相比之下，力争实现本表100%的达成率、在日常工作中自然开展交流才是务实之举。

单纯的日常交流似乎目的性不强，然而却让他可以与其他部门的员工打成一片、相互分享不少信息。最终，这名销售员取得辉煌的业绩，并且获得最佳员工的表彰。

诚然，单凭做好记录不足以达成目标。但是，在与其他部门员工交流的过程中，他既能掌握大量信息，又了解他人的想法，最终得以巧妙地把握客户心理。

原本着眼于"当前似乎可以做到的事项"，随着记录的不断积累，追逐完美记录的斗志也越来越强："再努力一下就可以实现100%的达成率了！"

当笔者再次见到这名客户时，他已经是公司公认的希望之星。接受的信息更为广泛，其他部门也有意识地帮助他成长，堪称前途无量。

有一类人收集成瘾，例如热衷收集超市等商店的印戳。更有甚者，还有人一掷千金只为集齐手机游戏的限定道具，一度成为社会争论的热点话题。

这些收集狂姑且不论，一般人或多或少也有"收集""希望得到满足"的潜质。归根结底，只因为我们都有需求。

反过来想，"存在不足之处"的状态反映内心的不安。因此，坚持做记录也是对大多数人行之有效的方法。

原本的目的和目标暂且搁在一边，首先专注"当前事项"，这是本书的核心理念。坚持做好记录有助于我们解放思想，从目的和目标的束缚中解脱。

"眼下制定的实施方案毫无乐趣可言""当前事项执行下去会很难"……在实际开展中，难免会有拖延的想法、畏难的情绪，在感觉力不从心的时候，试着把思维逆转，换个角度想想，例如："讨厌中止记录""不断的记录令人高兴也更有动力"……

这则方法也把"专注真正的当前事项"更推进一步，人们的兴趣由此转到记录本身，即便把当前事项放在一边也依然乐在其中。

在实际执行的过程中，许多人会借助记事本、台历、电脑的表格等，接下来笔者将会介绍几则有趣的记录方法。

● 在玄关处贴上对照表和记录用的日历

"从起床到出门上班之前阅读10分钟商业杂志。"这是A先生制定的当前实施方案，结果每天早晨总有忙不完的活，实际无法坚持。渐渐地他自己也淡忘这件事，几番尝试的结果却是连做记录本身都忘得一干二净。

"你每天起来最早看向哪里？出门前一定会看到的是什么？"面对笔者的提问，他的回答是："玄关。"

由于独自一人住在公寓内，起床后立刻去玄关的信箱处取报纸已成为他的习惯，出门需要穿过玄关就更不必说。

于是，笔者建议说："既然一个人住就好办！在玄关的信箱处贴上对照表和记录用的日历吧。"

既然有一起床就奔向玄关的习惯，A先生一定会留意到对照表。而且，虽然有些不修边幅的感觉，但是看杂志可以与刷牙等活动同步进行。

贴上记录用的日历是为了在出门前用〇或×做好记录，这样也可以养成节假日在家或平时在公司里翻阅商业杂志的习惯。

因此，为了防止在不知不觉中淡忘执行方案，甚至连做记录本身也忘得一干二净，务必在可以留意到的地方做好提醒自己的准备。

对生活用品来说，被子叠好后正上方的那一面、厕所、浴室、车内等都是笔者推荐的地方。如果身处职场，则选择不希望被他人窥视的场所，例如：电脑或手机的桌面、记事本等。

● **提取GPS日志**

B先生的目标是解决运动不足的问题，他为此制定"每天走路超过8000步"的计划。据悉，他每天为工作奔波、承揽形形色色的任务，哪怕没有刻意走路也有5000步左右的运动量。

一番讨论之后，笔者给他的建议是："不用每天刻意去走1万步,只要在上下班途中或者外出时绕点路、多走3000步,一天下来正好8000步。"

如果单纯依靠手机的计步App,虽然可以形成记录,但是很快就会干劲全无。若能有生动形象的表现,则会收到意想不到的效果。例如:仿照航空公司的个人信息界面,一目了然地反映乘客累积的飞行里程可以绕地球多少圈。或者,参考监控登山或徒步信息的日志(以一定形式记录几小时的数据)。

此时,可以借助手机App的美化功能,把GPS日志与步数关联起来,按照完成的次数设置不同的颜色。

例如:第一次走完时用蓝色显示,几遍下来颜色发生改变,最后变成红色。如此一来,步数不再是单纯的记录,而是通向不同道路的广阔地图。假如重复同样的路线,则次数最多的以红色显示。通过这样的方式替换、调整自身的目的,下班时也会记得多走几步。8000步自不在话下,每天超过1万也是轻松。

正如B先生的例子所反映的那样,替换记录的内容和行动的结果具有显著的效果。

关于当前行动的计数，如果还是以行动相关的事物测量，未免索然无味。因此，建议以其他形式记录过程或累积的结果。

前文提到的航空公司也是同理，飞行记录切勿以数字单纯反映次数，而是将其作为人生的记录，直观地反映出累计可以绕地球多少圈的距离。

巧用这则方法，我们可以从网上购买没有上色的世界地图，对应飞行天数填充国家的颜色。若是黑白的地图，则对应市县的颜色。

此时，我们不再关注行动本身，而是以涂完地图为目标。

笔者出身于九州，童年时曾立下"一年内绕九州跑一圈马拉松"的计划。具体记忆有些模糊，只记得自己拼命搜集印章盖在地图上。可以说，笔者的关注点已经从跑步本身转到填满九州地图。

如此对事物魂牵梦绕，这点成人和孩童没什么两样。无论工作还是个人，它都反映人心最本质的需求。如果运用得当，可以释放出意想不到的威力。

● 邀请第三者约束自己

②接受检查

这则方法顾名思义,**接受他人对行动和记录的检查**。总之,通过外部"或多或少的强制要求"约束自己。

凭借自身的意志产生力量,这是此前所说"自我沉迷"的理论前提。假如自身意志力完全不可靠,借助他人的力量(他律)也不失为有效的方法,例如:"好不容易请你检查一下""做不到的话可丢脸哦"。

检查的内容是"当前事项"是否执行,也可以对照"自我沉迷"所做的记录加以确认。

在拜托他人时需要区分对象。如果是上司和下属之间,因为上下级关系的影响，下属毕恭毕敬，而上司不经意间也会挑剔一些。因此，对当前行动和记录的检查求助上司之外的人会更好。

委托家人检查时同样需要注意，由于关系亲密，关于当前行动无法实施的讨论有可能会演变成争吵。

当然，无论上司还是家人，行动、记录以及检查都进展的很顺利的情况也有可能存在。求助他人检查记录也是一次审视彼此关系的契机。

具体的检查方法可分为两类，一是自己做好的记录由他人检查，二是记录也让他人来做。

一般的做法是自己记录，每天或每周交给他人确认。让他人做记录自然加重对方的负担，若非近在眼前的人也很难跟踪记录。因此，依靠他人确实效果显著，但也受到一定条件的限制。

而且，习惯依赖他人，自觉行动的意识也大大退化。因此，原则上还是更推荐自己记录、他人检查的方法。

笔者经常扮演为他人检查的角色，基本通过电子邮件、社交网络平台等IT通信工具完成确认。这样的状态与审阅收到的报告类似，发件人每天或每周必须发出报告，多少有种被人监督的感觉，效果也十分显著。

　　有些人希望对方认可自身的努力，这其实也不难，把检查和赞扬的事情一起委托给他人即可。

● 奖励不限于物,"休息一回"也是嘉奖

③不吝嘉奖

即便在他人看来是多么近视或不值一提的小事,只要是自己决定且持续推进的事项,那就值得肯定。请给自己备好奖品吧!

尽管世间对自我奖励是否有效颇有争议,但笔者无意在此卷入争论、浪费篇幅。

只不过,在笔者看来,认为无效的人士大多有些自卑,不敢抬头挺胸。换言之,他们缺乏勇于挑战的精神,所以难免悲观。

不必赞成,也不必反对,只需对努力之后的结果予以赞

美，剩下的只是程度高低的问题。

假设在全年无休的状态下圆满完成一项艰苦工程，完工之时自然会收到各方的热烈夸奖，这个时机以及表现方式就是对努力的最好回报。

嘉奖原本就是鼓励普通人达成目标的有效方法之一，相信读者朋友对此也不难体会。

关于嘉奖的时机和内容具体介绍如下：

首先，时机取决于当前行动的频率及内容。如果是每天实施的事项，则以1周为单位最为合适。天天赞美容易审美疲劳，拖到1个月则干劲已经消磨殆尽。

有些人认为以2周或10天为一个单位也不错，但是考虑到工作和个人生活中常见活动的普遍周期，还是1周最佳。

当前事项的执行希望落实到以天为单位，每天坚持实施，每过1周嘉奖一回，这样的节奏长短合适、效果显著。

如果是以周为单位的行动，那么满1个月就是恰到好处的嘉奖时机。

嘉奖的内容也有两类，一是以奖励的名义购买物品或享受服务。

这类奖品选择非常多，可以根据自己的需要精心选择，从价格高昂的奢侈品到提升日常生活情趣的小物件，只要是能带来满足感的物品，都可以试试。当然，也可以考虑与近期推进的行动相联系，如果目前坚持实施的是近在眼前的小事，奖品也可以选择能为生活增添乐趣的小物件。

对于大多数人来说，日复一日努力的奖励，首先想到犒劳自己的方法就是改善吃穿。

吃一顿比平时贵的午餐、买一瓶好酒，或者挑一件高档西服……总之，不是品质更上一级，就是数量更多一些。

当然，选择奖励物品的结果取决于自身的钱包。如果钱包允许，那么，作为"近在眼前的小事"，"稍稍奢侈一回"也无妨。

此处只需注意一点：事先备好嘉奖的内容。

以每周1次的嘉奖为例，不要等到周末再想"现在可以奢侈一回"，而是事先想好在大功告成时需要怎样的奖品。

事后再定往往会因为各种理由和借口而不知不觉过于奢侈。嘉奖的目的是为了稍微提升幸福感，激励自身更有干劲地为下一个周期努力，因此需要结合自己的"欲望"巧妙把握。

另一项嘉奖的内容则是暂停当前行动，让自己休息一回。

坚持推进当前事项、养成良好习惯之后，我们也需要给自己放一个假。根据当前行动的内容，有时候这么做反而可以取得不错的效果。

在制定达成目标的实施方案时，我们需要有长期坚持的信念。但在实际执行的过程中，难免会有心生厌烦、遭遇困难、情绪低落的时候。为了更好地贯彻实施当前事项的行动策略，"暂时中止"未尝不是效果显著的奖品。

相比于单纯添加乐趣，在坚持推进当前事项的习惯养成之前，适度回避消极懈怠或许更有意义。

虽然有些名不符实，但休息日确实是不错的奖励。可以在最初制定实施方案的时候把休息日考虑进去，也可以在中途需要调整的时候合理安排休息以嘉奖自己。

具体安排并没有统一的标准，也不意味着1周必须休息1次，还是需要结合自身实际。

把休息视为奖励的一种，并且频频使用。尤其在感到力不从心的时候，试着休整一下或许可以收到奇效。

但这主要适用于努力达成目标的初始阶段，一旦养成坚持推进的习惯，且中途也并没有到无可忍受的程度时，尽量咬牙坚持，因为持之以恒有助于增强信心。而且，如果判断再没有休息的必要，随时可以终止这样的奖励。

当然，一切从自身的实际情况出发。如果仍然需要休息，也不必背负心理负担。

● 挑战自己"是否还能坚持"

> ④积极竞争

与他人展开竞争是为了提升干劲,但最终目标并不是成为类似追逐销售目标等业绩的比拼,而是作为"接受他人检查"的进化版,与公司之外的朋友或者与业绩毫不相关的同事比较当前事项的完成情况。

这种以类似玩游戏的心态与人比拼"坚持的程度"才是竞争,这个比赛的关键在于不要与生活中日常见面的朋友或者直接对自身工作产生影响的人进行竞争。

如果是和工作中的竞争对手一决高下,工作中苦战的经历将不可避免地蔓延到眼前的竞争中,两种竞争的叠加,会加重自己焦虑不安的情绪。按照自身节奏养成习惯根本无从谈起，比拼的过程也不可能有乐趣可言。

根据多名客户的反应，我们总结这种竞争因为选择的竞争对手不好而发挥不佳的情况比例很高。这些对手主要是同期入职或者年龄相近的同事，还有学生时代的同届校友。

涉及业绩便会催生直接的竞争对手。即便没有业务上的竞争关系，考虑到企业规模，同期入职的员工也会因为年龄等因素或明或暗地较劲。

哪怕自身毫无争强好胜之心，如果对方抱有敌意，终究无法和睦相处。

以学生时代的同届校友为例，虽然表面看来交情不错，但终究敌不过"人往高处走"的心态而渐渐走向对立，结局令人唏嘘。

遇到这样对手时，很多人起初都会斗志大起、奋起迎战，但慢慢发现，在这个竞争中，总是勉强自己跟随对手的节奏，中途气势不足选择放弃的情况比较普遍。

当然，即使刚开始只是抱着玩玩游戏的心态，中途战意越来越强但结果依然不顺的情况也并不少见。

按照自身节奏养成实施当前事项的习惯，这点至关重要。一旦方寸大乱，目标达成无从谈起，胜负之争也只能以失败告终。

此外，"坚持的程度"的比赛也是关键。重点不在于努力的内容，而是如何坚持。
以此作为标准，就可以摆脱难易程度、执行情况、结果等的束缚，把比试的重点放在如何养成坚持推进当前事项的习惯。

不对作为奖品的休息抱有希望，尽量事先制定对等的条件展开竞争。从这个角度来说，同期入职的员工和学生时代的同届校友都是理想的对象。

至此，关于坚持推进当前事项的4则方法讲解完毕。事实上，这些方法并非孤立存在，人们往往组合运用。
值得一提的是，自己做好记录，然后请他人检查和嘉奖自己，这便是完美组合的典范。
无论如何，选择适合自身的当前事项、坚持实施并形成习惯，由此便可迈出目标达成的第一步。

一旦发现不适合自己或者力不从心，果断放弃继而做出别的尝试。寻找适合自身的事项和方法，并且持之以恒，我们就始终走在正确的道路上。

あらゆる目標を達成す
るすごいシート

第5章

帮助下属达成目标
——高明的上司如何巧用"神奇对照表"

●▶ 把下属的失败看成必然发生之事

前面章节介绍的是如何通过记录、自我管理达成自身目标，第5章面向有心帮助下属或晚辈达成目标的上司或前辈，详细讲解如何巧用对照表予以支援。

无论职场中的上司，还是个人生活中的长辈或朋友，均可以灵活使用《神奇对照表》。本章把场景假定为与下属的"面谈"。

本书的核心理念立足于达成目标必然遭遇挫折的前提，倡导在受挫之后着手"比当前更进一步的行动"，继而养成习惯、增强自信。

然而，日常事务让人疲于奔命，轻言放弃或者明显走了弯路的情况天天发生。

对于个人目标（减肥或阅读多少本书等）来说，适当放宽达成目标的期限，或者从一开始就不设定明确的截止时间。虽然会绕一些远路，但只要达成，对整件事的实施结果影响不大。

但是，企业存在明确的会计期间，各部门以此制定目标。如果本期目标无法达成，试图延到下期无异于痴人说梦。

职场中的个人目标与组织目标休戚相关，目标达成自然也要符合考核期的要求。

因此，帮助下属作为上司的重要职能之一，上司首先应该保持置身事外的心态，避免关心则乱的局面。

重新审视上司对下属的作用，主要是打造良好的环境，引导员工高效工作、稳步成长。

在全体下属达成目标之后，本部门目标也就完成，极大地推动整个公司实现目标。因此，每名下属需要设立与公司目标一致的个人目标，继而积极推进、努力实现。

本书的目标达成方法也是每名上司必须灵活掌握的知识。

虽然存在例外，但企业内的上司绝大多数比普通员工能干。当今社会不再以资历作为晋升的唯一标准，上司基本首先是凭借工作能力脱颖而出，继而获得高位。

事实上，"工作能力突出"恰恰正是上司阻碍下属达成目标的最大因素。越是精明能干的上司，越是无法理解"挫折曲线"从一阶段到二阶段"挫折期"的巨大落差。

他们虽然未必都是使命感强烈的天才，但是具备较强的执行力，以往也取得不少成果，因此对于下属频频受挫、劳而无功实在难以接受，一般也难以理解下属的种种困难所在。上司在面对这样的情况时，采取的态度，或是"不用我说你也应该明白"的放任不管，或是"理所当然的事情怎么你就是做不好"的怒不可遏，无论哪种方式均不利于下属的成长。

这些上司，首先需要纠正观念、树立正确的认识：即通常，遭受挫折、无能为力才是理所当然。

虽然这样评价为人下属过于极端，但是笔者还是认为，在工作中，要把下属当作孩子对待。这并不是把他们看成傻瓜，而是习惯对方涉世未深、容易经历挫折的现状，以平常心看待他们的失败。

有些上司能力或许还不如下属,但是一旦发现下属执行不力,立马声色俱厉地质问"为什么做不到""为什么不去做"等。

此时唯有耐心才是上策,"耐心"正是成功的关键。笔者再次强调,只有习惯下属涉世未深、容易经历挫折的现状,才能认真培养下属成长。

●▶ "挫折曲线"的4阶段应对方法

在前面章节，我们把"挫折曲线"的4个期间划分为4个阶段。那么借助反映各阶段事项的对照表，我们将明确如何面对下属、应该采取怎样的行动推动下属成长？接下来笔者将依次展开介绍。

人们常用的大声激励其实是没有办法的办法。如果想要帮助下属成长，一般只需通过面谈或日常交流等方式加以引导，然后做好检查工作即可。

阶段1　上司如何在"高扬期"启发美好的联想

在职场之中，上司与下属"面谈如何设立目标"的会议应该比较常碰到。此时，《神奇对照表》大有用武之地。

首先，根据表格布局以及挫折曲线的走势敲定两项内容："①自己或他人开心的样子""②实现①开心的样子所需完成的事项"。

与上司相比，下属大多并没有认识到工作的目的，觉得自己只是"听命行事"。

也许，他们确实没有什么明确目标，或者只是在对照表中笼统地填入"可以作为目标的内容"，例如销售员写的"达成签约目标"。

此时，**为了帮助他们畅想"未来的自己"**，上司需要反复提问。以下对话源自笔者担任销售部长时的经历。

上司："达成签约目标……然后你就开心了吗？"
下属："能完成就开心。"
上司："为什么觉得开心呢？"
下属："科长（上司）开心，我也如释重负。"
上司："原来如此。虽然我没有给你制定考核指标，但是缓解自身压力确实也是你的个人目标。不过，更确切地说应该是放心吧。我开心与否姑且不论，你其他还有什么感到开心或喜悦的方面？"

下属："部长也会开心的吧。"

上司："当然，他一直希望大家都能达成目标。"

如果对话至此结束，那么对下属来说，他的开心只是因为上司（笔者）以及部长感到高兴而已。

有时候，就此终止对话也未为不可。毕竟，是否值得深挖取决于下属的性格、状态、年龄、经历等。

举例来说，年轻人往往从自己的角度打量身边的人，随着年龄和经验的成长慢慢认同公司理念，把目光投向公司之外，例如关注客户等。直到成为老练的员工，他们才能与社会共识等真正达成一致。

因此，统一化、标准化的理念对年轻员工并不适用。纵使对他们大谈"社会共识"，大多数人无法产生共鸣，很快便被抛之脑后。

假设继续先前的对话，大概会是这样的情形：

上司："对了,你知道部长为什么希望大家都能达成目标?"

下属:"还是从部门目标出发,这也是他的个人目标吧。"

上司:"这么说当然没错,其他还能想到什么吗?"

下属:"这个嘛……"

上司:"试着跳出公司,考虑一下外部因素呢?"

下属:"外部因素指的就是客户吧。"

上司:"这当然是其中之一。所以,从客户的角度说会有怎样的感受呢?"

下属:"科长和部长都为产品受人喜爱而感到高兴,而且没想到下属达成目标,有这么多客户乐于购买产品,应该也是喜出望外吧。"

上司:"很好,就是这样。所以,部长心心念念的就是大家都能达成目标呢。"

下属:"平时我根本没有意识到这点,客户购买之后或多或少会喜欢我司的产品,这么想来我也开心。"

如此一来,话题终于引到客户的满意就是自己的开心。

像这样有意识地挖掘目的至关重要。然而，这是站在大众的角度去看，需要较高的认知水平，平常人难免对此不以为然，觉得太过遥远、不切实际。上司切勿把自身的观念强加给对方，否则难以获得认同。

因此，如何引导面谈，这需要充分考虑下属的理念和想法、临场随机应变。

上司当然希望下属多为客户考虑，但是只能从当前的话题徐徐道来，一点一点取得对方的认可。这样的交流方式较为自然，也容易让人接受。

对照表的最后是"价值"，问的是"为了什么"和"价值何在"，并且在表格右上方留出书写的空间。这需要你循循善诱，引导下属自己发现和认可。

对前文列举的年轻销售员来说，"自己或他人开心的样子"起初只是"上司或部长开心""被上司和部长表扬的喜悦"。

通过连续的提问，引导对方从"想方设法达成目标"的角度出发、畅想开心的样子。这点至关重要，且与下属自己凭空猜想具有天壤之别。

下属自己猜想终究脱不了本位主义和以自我为中心的狭隘视角。继续以销售岗位举例，销售员自己的设想无非"达成签约目标的满足"，或者"达成业绩后奖金增加的欣喜"。假如上司加以正确的引导，眼界便可慢慢拓宽，例如："达成业绩、为团队做出贡献而欣喜""签下值得挑战的业务，与研发部携手作战很有成就感""客户用了我司的产品后非常满意"……

事实上，相比于行动带给自身的喜悦，造福他人无疑更有意义，也更有成就感。因此，若能拓宽视野，向着目标努力的速度以及取得的成果都会发生显著的变化。

笔者再次强调，无论上司抱有多么崇高的目标，下属假如没有真心认可，终究提不起干劲。因此，需要立足下属的性格和状态，合理加以引导。

另一方面，即便眼界放宽、认可自己未来开心的样子，心理曲线在高扬期爬得有多高，在挫折期就会跌得有多深。为了避免下属的心情一落千丈，此时十分考验上司的关怀技巧。总之，努力保持下属斗志昂扬、眼界较之以往更为包容的状态。

同理，关于"②实现①'开心的样子'所需完成的事项"，也需要一边提问，一边引导发现可以实现的方案。

只是，此处的"所需完成的事项"基于"挫折不可避免"的前提。所以，写下简单可行的事项，哪怕表述有些笼统也无妨。

下属对"所需完成的事项"大多心中有数，因此除非方向存在偏差，否则不必一丝不苟地严加引导。

以往的目标管理侧重具体措施，因此行动对应的这一栏至关重要。本书则把重心放在曲线的后半部分即"阶段4"。

对上司来说，需要留意的是避免否定对方，例如："这么做太勉强了吧。"下属并非对此浑然不觉，只是身处高扬期而敢于尝试，但是上司的这一盆冷水立马浇灭了他们的热情。事实上，轻易否定下属的上司数量很多，因此需要格外留意。

此外，经历挫折对实践来说并非坏事。除非下属的想法明显有误，否则暂且认可、接受才是明智之举。

阶段2　上司如何在"挫折期"激励下属

关于阶段1"①自己或他人开心的样子""②实现①'开心的样子'所需完成的事项"，两者大多需要上司引导启发，而且较为理想化，实施并不容易。因此，缺乏持之以恒的自律、干劲逐渐消退、进程受阻的情形不难想象，应该是情理之中的事。

正如笔者此前多次强调，这是理所当然的事情，不必大惊小怪。

之后的改变实施方案，也就是坚持实施"比当前更近一步的事项"至关重要。挫折在所难免，所以从阶段1起先旁观3周左右的时间。

发现下属遇到难题或无能为力时，许多上司立马脱口而出、加以干预。这样的做法纯属"好心办坏事",本就受挫的下属顿时变得更为消沉。

"无为而治"就是上司此时的最佳作为。把嘴边的话压下去,只需静观其变。

而且,旁观并不意味着上司毫无作为,只是不直接干预下属。因此,这也并不是对下属不闻不问,而是了解和分析业务执行情况,例如"在忙什么""为什么做不到"等。

冷却2~5周,一般3周左右就要跟进并确认情况。不必郑重其事地开会,只要漫不经心地随口一问、点到为止即可:"话说,先前确定的目标实施方案眼下进度如何?"

提问的时机十分重要。如果放在目标设定之后不久未免操之过急,因为对方很有可能尚未启动。也不能放任到心灰意冷、行将放弃之时,所以需要见机行事。

假如在2周左右时询问,对方还对挫折不以为然。倘若拖到4周,则大多已经深陷其中、苦不堪言。

不管怎样,在确认下属"经历挫折"之后再组织一次面谈。

笔者再次重申，切勿大张旗鼓地叫来开会，而是轻描淡写地表示关心："如果有什么问题的话，我们抽空谈谈吧？"然后再视对方的反应确认是否确有必要。

此时，重点就是对照表中对应挫折期的"③写下无法实现②的理由！"。可以在谈话前预先让下属考虑，也可在面谈中交给对方书写。

面对大量的"借口"，切勿责怪对方，耐心听完至关重要。

目标设定已过去数周，目睹下属迟迟打不开局面，你难免也会怒上心头。但是，务必按捺心头的怒火，接受对方的说法。

相比于下属无能为力的现状，此刻你更应看清的是对方的心境：为什么会找这样的理由？背后蕴藏怎样的情绪？

"做不到也没什么大不了吧。"保持心态放松，试着接受现实。无论如何，耐心接受对方意见的气度一定要保持，并保持平和的心态，真诚地倾听："原来如此，是这么回事啊……"

除了接受下属的说法之外，我们需要结合工作情况和个人感受认真聆听对方的解释。如此一来，在下一阶段着手"当前事项"的时候，便可避免同样的原因再度遭受挫折。

阶段3　上司如何在"当前期"回避弯路

在当面听取失败原因的同时，下一阶段——专注当前事项也已展开。研讨具体目标与怎样才能逐步接近目标需一并考虑。

借助对照表第④栏"写下'当前'似乎可以做到的事项"，通过反复提问寻找实施方案。

只要有助于锁定当前任务，再小的事项也不可等闲视之。在第2~4章对此已有介绍，尽可能找出日常生活中轻而易举的事项即可。

值得注意的是，职场中往往有"期限"要求，而个人目标就不存在这样的问题。

"当前事项"是本书的核心理念，在坚持推进的过程中，如果执行的标准过低，很有可能赶不上会计期间的"目标期限"。

按照一般的做法，需要按照对照表④→④'的顺序展开行动。首先尝试"④写下'当前'似乎可以做到的事项"，实在不行则转到"④'无法做到④时写下比'当前'更近一步且可行的事！"。

屡战屡败之下，期限越来越近，目标也无法达成。因此，**果断抛弃④→④'的思路，从最开始就畅想"④"的美好未来并且制定实施方案。**

总之，下属已对当前事项能否坚持心生怀疑，因此，认真分析这一个月来的工作方式以及无能为力的理由，引导对方像第④'栏那样思考当前更为简单可行的事项。然后，坚决执行这则事项，习惯应该也能迅速养成。

简单可行的事项有助于培养坚持不懈的习惯，之后引导下属"稍稍提高标准"，逐步完善实施方案。

确认周期以1周较为妥当，从再简单不过的小事做起，每周替换新的对照表，不断更新第④栏的内容。若能在不知不觉之中把第4章"接受检查"的技巧用于此处,则效果更为显著。

如果引导不当,下属容易把检查视为工作任务,对"强制"提交报告难免心生抵触。因此,在"不知不觉之中"合理引导就显得至关重要。

通过②→④→④'的两阶段分步法,下属不至于跌得太深,也减少了干劲下滑的次数,大大缩短重新振作、跳出挫折的时间。

此外,倘若上司循循善诱,检查也是细致入微,便可极大地减少下属的负担、促进对方向着目标的达成迈进一大步。

阶段4 上司如何在"推进期"避免倒退

作为最后一个阶段,"推进期"需要一鼓作气、直奔终点,而上司的合理举措将成为此时最大的推力。

对照表"⑤表扬自己,再小的变化都记下来"是给下属自我表扬、记录自身变化所用。此时，如果细小的变化是从上司口中说出来，自身更为认同，效果也更为显著。

与挫折期"不知不觉中"地接受检查同理，相比于面谈时大加赞扬，"漫不经心"地提起效果更佳，例如："因为坚持推进当前××事项，所以就有××的效果呢"。

此外，以下方法同样效果颇佳。

·发现前辈和其他部门的上司都这么说，下属也不知不觉和他们说的一样。

·上司并不明说，而是让做出成效的前辈来劝说下属。

·上司并不明说，而是让受他表扬的前辈来劝说下属。

对下属来说，虽然有心坚持实施当前的事项，或者坚信多少会有变化发生，终究不太敢明说或者写下来。此时，如果上司或者前辈适当推动一下，他们的紧张心理得到缓解，便可鼓起勇气，堂堂正正地把心声写在对照表内。如此一来，无论多小的变化都可以促进信心的提升。

产生变化，养成持续推进的习惯，提升斗志，接下来便是"有所放弃"。此时，时机的把握堪称重中之重。

关于对照表"⑥当前习惯中可以放弃的事项"，"放弃"稍有不当就会招致挫折。第3章对此已做详细介绍,包括一贯以来的工作方式在内,习惯难以改变,新的事项也无从着手。

"从当前事项做起。"在达成目标的过程中,这恰恰是至关重要的一环。

成功人士可以快速找出当前真正需要完成的事项,继而排出时间积极实施。

盛满水的杯子除非倒掉一些,否则很难再往里面加水。然而,倒水本身并非易事,倘若时机把握不当,很有可能遭遇挫折,或者习惯未能养成、重回屡败屡战的老路。

通过专注当前事项,下属的心境和行动也悄然发生变化。一旦发现有成果产生,上司理应予以鼓励,促使下属下定决心,例如:"机不可失,试着改变做法吧!""改进一下或许会有巨大的变化呢!"……

此后部分也按照对照表的顺序展开,逐步推进至下一个阶段。

尽量以面谈的形式确定"⑥当前习惯中可以放弃的事项"。而且,对于时间受限的职场来说,总有单凭一己之力无法做到的情况存在。此时,巧用上一章"接受检查"等技巧,通过面谈确认当前习惯中可以放弃的事项。

如果在对照表"②实现①'开心的样子'所需完成的事项"中添加"可以放弃的事项",这本身就具有极强的"就此放弃"的引导意义。当然,倘若发现其他值得记录的事项,就此写上也未无不可。

而且,在研究"⑥当前习惯中可以放弃的事项"的同时,也应当场把"⑦达成目标所需完成的事项"一并纳入考虑。

既然杯中的水可以倒掉一部分,再加多少的问题也就提上议程。总之,尽可能地把⑥和⑦放在一起思考。如果可以筛除一部分⑥的内容,空出来的时间便可安排其他事项。

可以放弃的部分就此罢手,取而代之的是作为当务之急的事项,目标的达成由此迈进一大步。

填写"⑦达成目标所需完成的事项"的时候,回顾"②

实现①'开心的样子'所需完成的事项",就此照搬内容也无妨。即便是相同的内容,也可以借此打造不会轻易被挫折压垮的体质。

世人常用的大声激励其实只会让对方倍感压力。另一方面,心绪容易波动的下属需要慎重对待,但也不可放松引导。通过加大短期反馈的数量,例如进度表、业绩等,可以加快他们向着目标迈进的脚步。

为了集中精力向着目标挺进,在下属不知情的情况下临时调整他们的工作量,可以起到不错的效果。

虽说坚持实施当前事项从而不再畏惧挫折,但是为了避免步子迈得太大,可以给对照表第⑥栏和第⑦栏设置启动时间、适度减少工作量。

最后,把目标的期限和达成的标准写下来。

职场工作一般在最开始的时候便对此有明文规定。不过,对于步步为营、信心积少成多的下属来说,此时重新审视有助于加深理解,执行更为有力,内心也更为踏实。

之后便是宣扬崇高的理念，引导下属自发思考：工作本身以及目标的达成具有怎样的意义？对社会能做出怎样的贡献？可以给社会、公司、家庭带来多少价值？

以往的目标管理把这一步放在最开始，结果过于美好的理念听来让人觉得难以置信。所以，放在最后才是最佳时机。

但是，上司切不可把自身的理想或价值观强加于人。代表经营理念的企业价值观需要员工沉浸其中、慢慢体会。如果下属不能发自内心予以认同，那就毫无意义，所以需要启发他们自发思考。

这便是"有目的性地工作"，极少数富有强烈使命感的天才生来便具有这样的潜质。但对于平常人来说，若非经历挫折和弯路，实在难以达到这样的境界。

本章重点介绍上司帮助下属达成目标所需要掌握的意识和方法，**关键在于两点：保持耐心、计算和把握时机**。而这一切立足于平时观察下属的工作方式和执行情况，基于各自的性格及工作现状加以把握。

　　作为本书的结尾，笔者最后想强调的是：由衷关爱下属成长的心意最为重要！

あらゆる目標を達成するすごいシート

附表：

▶▶▶

健康减肥计划表

一年读20本书阅读计划表

5年存款购房计划表

普通人实现目标的一般心理曲线

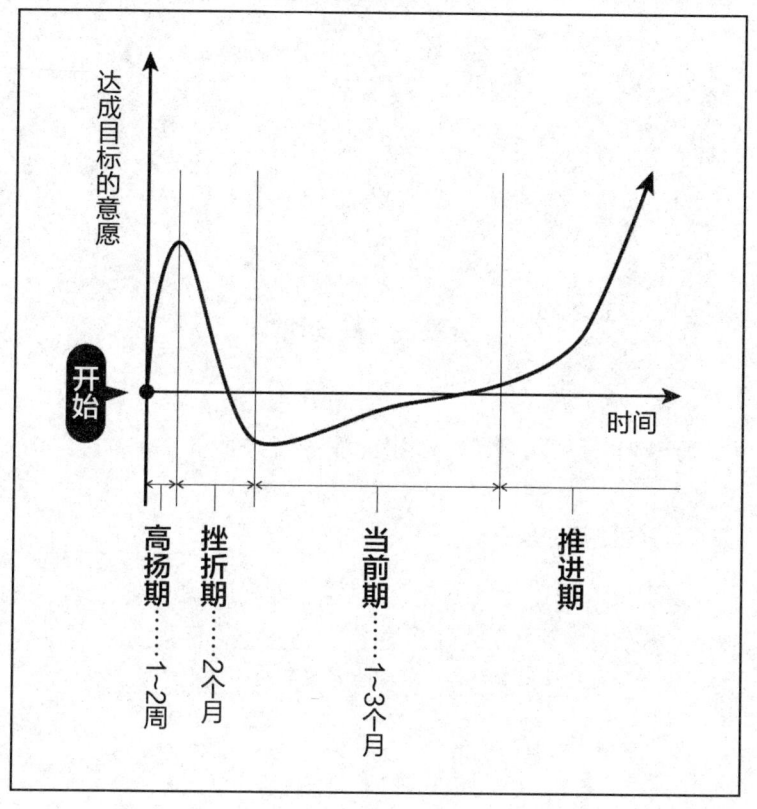

*每个人，在制定计划之前，都应该有这样的心理准备：每个计划都会遇到困难，每个人心理都会有挫折期，挺过挫折期，计划就肯定能实现。

健康减肥对照表

姓名：李小美

时间：2月3日

阶段一　高扬期

1. 畅想3个月后的自己，如果能瘦身就好了

> **描述开心的自己：**
> 瘦了之后，可以穿很久不穿的T恤、热裤，
> 把以前买的美美的裙子拉出来，
> 关键是摆脱一身赘肉，感觉自己更年轻了。
>
> （绘图能手，可以用图画表现）
>
>

2. 实现目标需要完成的事项

> A. 每天三餐根据健康食谱制定
> B. 每天坚持慢跑30分钟
> C. 每天手臂操10分钟，跳绳1000次，腰腹运动10分钟
> D. 保证良好睡眠，按时睡觉22:30—6:30
> E. 3个月后，减肥5公斤

2周以后，对照完成事项，检验执行情况。

阶段二　挫折期

3. 未能实现步骤2的理由　　　　　　　时间：2月17日

> A. 每日根据健康食谱制定饮食内容，第一周还坚持的可以，第二周开始就因为想念主食不能坚决执行，自己做了想吃的东西。
> B. 有时候加班的话，根本不能保证在完成慢跑之后的其他锻炼。
> C. 因为计划外的约会和加班，睡眠也无法保证。
> D. 2周以后，体重只减掉了1公斤，饮食之外，运动量也是问题。

阶段三　当前期

4. 结合2周以来的锻炼效果和时间分配，我目前能做的事

时间：2月17日

> A. 坚持健康食谱，每周一餐为自己做主，不吃油炸食品和甜食，主食少吃，多吃蔬菜和水果。
>
> B. 坚持慢跑，根据情况，适当延长慢跑时间，比如加到40分钟，可以将慢跑挪到早上。
>
> C. 有针对性的训练可以分开时段做，跳绳分三次完成（早、中、晚），手臂和腿部运动可以晚上做。
>
> D. 先保证每天的运动数量，然后思考运动质量。

2周以后根据4的完成情况，调整细节。

4'. 根据计划施行情况，调整目标细节　　　时间：3月3日

> A. 中午不适合进行大运动量，适合慢走，胳膊的运动。
>
> B. 跳绳500次，调整到晚上。
>
> C. 饮食放弃健康食谱，多吃坚果、水果、蔬菜，主食减少为每天100g
>
> D. 两周后，体重再掉1.5公斤。

4周后检查计划施行后自身的变化

检查栏	2/3	2/10	2/17	2/24	3/3
30分钟慢跑习惯形成	○	○	○	○	○
健康饮食	×	×	○	△	△
胳膊等针对性训练	△	×	×	○	○
跳绳1000次	○	×	×	△(500)	△(500)

对照完成情况，发现4'的目标是基本可以完成的，依照这个目标坚持执行3周，检查结果。

5. 记录行为习惯的变化，从细微处着笔，表扬自己，奖励自己

> A．减少了每天主食的摄取量。
> B．慢跑维持了一个月，没有疏漏一天。（值得奖励）
> C．体重降低了1.5公斤，有变化就是好的。
> D．整个人精神好了。
> E．胳膊和跳绳最后一个星期坚持得非常好。

阶段四　推进期

6. 当前习惯中可以放弃的事项

   A. 放弃边刷剧边吃饭的习惯，吃饭时不能刷剧。

   B. 加班不能超过半小时。

   C. 睡觉前不打游戏,保证充足睡眠。

7. 达成目标所需完成的事项

   A. 调整了加班时间。

   B. 针对性运动时间有效分配。

   C. 控制主食的摄入量，晚餐以蔬菜为主。

   D. 保证每天慢跑至少40分钟。

达成：	**最终目标** 减重5公斤，体型从微胖变成了结实，针对性部位也结实了很多。 **达成日期（确认日期）** 5月3日

填写第7栏时留意一下！

通过"所需完成的事项"实现"达成"和"价值"，如有可能，思考会有怎样的价值。

价值：	达成目标后充分发挥自身价值，为社会、组织、家庭等带来价值 运动习惯形成后，身体和心情都非常好，在工作方面更专心，效率更高。

*《健康对照表》计划实施总结：

1. 计划要尽可能具体到每天运动量的具体时间或者具体次数；

2. 每次调整计划目标时，应该加入完成情况表，衡量自己的完成情况，甚至可以检查每天完成情况，找到目前习惯中可以放弃的部分，能更细致地调整目标；

3. 计划制定时，尽可能做到一个计划表实现一个主目标，比如这次健身和健康饮食，对我来说是两个比较难以同时并行的目标，虽然最后都服从于一个目标减重，但是中间基本上放弃了健康饮食这个目标。

4. 从心理调节来说，看过本书以后，知道有挫折期，心理上已经做好了一定会遇到困难的准备，所以坚持的时候没有那么难，因为心理相信困难总会过去的；

5. 计划表最好的一点是，学会了放弃，因为总是觉得自己可以担当很多责任，其实，适当的放弃，可以让心中最想要的目标完美达成。

6. 结合书中其他帮助实现目标的方法，我的目标完成的还是可以，第一次实现了制定计划，完成计划，为自己改变生活树立了信心。

一年20本书阅读计划对照表

姓名：

时间：

阶段一　高扬期

1. 畅想未来的自己，如果能这样就好了

描述开心的自己：

~~~~~~

~~~~~~

~~~~~~

（绘图能手，可以用图画表现）

2. 实现目标需要完成的事项

> A. ～～～～～～～～～～～～～～～～～～～～
> B. ～～～～～～～～～～～～～～～～～～～～
> C. ～～～～～～～～～～～～～～～～～～～～
> D. ～～～～～～～～～～～～～～～～～～～～
> E. ～～～～～～～～～～～～～～～～～～～～

2周以后，对照完成事项，检验执行情况。

阶段二　挫折期

3. 未能实现步骤2的理由　　　　　时间：　月　日

> A. ～～～～～～～～～～～～～～～～～～～～
> B. ～～～～～～～～～～～～～～～～～～～～
> C. ～～～～～～～～～～～～～～～～～～～～
> D. ～～～～～～～～～～～～～～～～～～～～

阶段三　当前期

4. 结合2周以来施行情况，目前能做的事　　时间：　月　日

　　A.
　　B.
　　C.
　　D.
　　E.

2周以后根据4的完成情况，调整细节。

⇩

4'. 根据计划施行情况，调整目标细节　　时间：　月　日

　　A.
　　B.
　　C.
　　D.
　　E.

2周后检查计划施行后自身的变化

检查栏	2/3	2/10	2/17	2/24	3/3
	○	○	○	○	○
	×	×	○	△	△
	△	×	×	○	○
	○	×	×	△	△

对照完成情况,发现4'的目标是基本可以完成的,依照这个目标坚持执行3周,检查结果。

5.记录行为习惯的变化,从细微处着笔,表扬自己,奖励自己

A. ～～～～～～～～～～～～～～～～～～
B. ～～～～～～～～～～～～～～～～～～
C. ～～～～～～～～～～～～～～～～～～
D. ～～～～～～～～～～～～～～～～～～
E. ～～～～～～～～～～～～～～～～～～

阶段四　推进期

6. 当前习惯中可以放弃的事项

   A.
   B.
   C.
   D.
   E.

7. 达成目标所需完成的事项

   A.
   B.
   C.
   D.

达成：
最终目标

达成日期（确认日期）

填写第7栏时留意一下！

通过"所需完成的事项"实现"达成"和"价值"，如有可能，思考会有怎样的价值。

价值： 达成目标后充分发挥自身价值，为社会、组织、家庭等带来价值

*计划实施总结:

5年存钱买房计划对照表

姓名：

时间：

阶段一　高扬期

1. 畅想未来的自己，如果能这样就好了

描述开心的自己：
（绘图能手，可以用图画表现）

2. 实现目标需要完成的事项

   A. ～～～～～～～～～～～～～～～～～～～～～
   B. ～～～～～～～～～～～～～～～～～～～～～
   C. ～～～～～～～～～～～～～～～～～～～～～
   D. ～～～～～～～～～～～～～～～～～～～～～
   E. ～～～～～～～～～～～～～～～～～～～～～

2月以后，对照完成事项，检验执行情况。

阶段二　挫折期

3. 未能实现步骤2的理由　　　　　时间：　月　日

   A. ～～～～～～～～～～～～～～～～～～～～～
   B. ～～～～～～～～～～～～～～～～～～～～～
   C. ～～～～～～～～～～～～～～～～～～～～～
   D. ～～～～～～～～～～～～～～～～～～～～～

阶段三　当前期

4. 结合2周以来施行情况，目前能做的事　　时间：　月　日

> A. ～～～～～～～～～～～～～～～～～～～～
> B. ～～～～～～～～～～～～～～～～～～～～
> C. ～～～～～～～～～～～～～～～～～～～～
> D. ～～～～～～～～～～～～～～～～～～～～
> E. ～～～～～～～～～～～～～～～～～～～～

2周以后根据4的完成情况，调整细节

⇩

4'. 根据计划施行情况，调整目标细节　　时间：　月　日

> A. ～～～～～～～～～～～～～～～～～～～～
> B. ～～～～～～～～～～～～～～～～～～～～
> C. ～～～～～～～～～～～～～～～～～～～～
> D. ～～～～～～～～～～～～～～～～～～～～
> E. ～～～～～～～～～～～～～～～～～～～～

1个月后检查计划施行后自身的变化

检查栏	/	/	/	/	/
	○	○	○	○	○
	×	×	○	△	△
	△	×	×	○	○
	○	×	×	△	△

对照完成情况，发现4'的目标是基本可以完成的，依照这个目标坚持执行3月，检查结果。

5. 记录行为习惯的变化，从细微处着笔，表扬自己，奖励自己

A.～～～～～～～～～～～～～～～～～～～～～～～～
B.～～～～～～～～～～～～～～～～～～～～～～～～
C.～～～～～～～～～～～～～～～～～～～～～～～～
D.～～～～～～～～～～～～～～～～～～～～～～～～
E.～～～～～～～～～～～～～～～～～～～～～～～～

阶段四　推进期

6. 当前习惯中可以放弃的事项

   A.
   B.
   C.
   D.
   E.

7. 达成目标所需完成的事项

   A.
   B.
   C.
   D.

	最终目标
达成：	达成日期（确认日期）

填写第7栏时留意一下！

通过"所需完成的事项"实现"达成"和"价值"，如有可能，思考会有怎样的价值。

价值：	达成目标后充分发挥自身价值，为社会、组织、家庭等带来价值

*计划实施总结:

行动记录表

日期 记录	○	△	×	达成率 %

※ 如果想要更为准确地知道自己每天的完成情况，可以增加一个行动记录表，记录自己每个目标的完成情况。

目标顺序法计划说明：本方法适用于长期计划和短期计划，根据长短不同的计划，检查和调整目标的时间应该灵活，比如5年购房计划，存钱的实现目标和可能进行的调整方案，需要两个月或者三个月才能确定；假如三个月或者更短时间的计划，那么调整方案的时间，可以调整为一个星期或者更短。总之，需要灵活地使用检查和运用。希望使用这个方法的大家都能完美实现自己的目标。

图书在版编目（CIP）数据

目标顺序法 /（日）佐藤耕一著；孙律译. -- 南昌：江西人民出版社，2020.6
ISBN 978-7-210-12226-5

Ⅰ.①目… Ⅱ.①佐… ②孙… Ⅲ.①自我管理－通俗读物 Ⅳ.①C912.1-49

中国版本图书馆CIP数据核字（2020）第067806号

著作权合同登记号：图字14—2020—0042号

ARAYURU MOKUHYO O TASSEI SURU SUGOI SHEET
Copyright © K. Sato 2016
Chinese translation rights in simplified characters arranged with
Nippon Jitsugyo Publishing Co., Ltd.
through Japan UNI Agency, Inc., Tokyo

目标顺序法

（日）佐藤耕一 / 著　孙律 / 译

责任编辑 / 冯雪松
出版发行 / 江西人民出版社
印刷 / 三河市京兰印务有限公司
版次 / 2020年9月第1版
2020年9月第1次印刷
开本 / 880毫米×1230毫米　1/32　印张 / 6.5
印数 / 1—10000　字数 / 90千字
书号 / ISBN 978-7-210-12226-5
定价 / 42.00元

赣版权登字-01-2020-151
版权所有　侵权必究

如有质量问题，请寄回印厂调换。联系电话：18033633987